Etüden

Compiled and edited by
Zusammengestellt und herausgegeben von
Rédigé et édité par

Ágnes Lakos

INDEX

Playing Legato
Legatospiel
Jeu lié

1. Carl Czerny (1791–1857) Op. 599 7
2. Carl Czerny, Op. 599 7
3. Louis Köhler (1820–1886) Op. 162 8
4. Carl Czerny, Op. 599 8
5. Cornelius Gurlitt (1820–1901) Op. 82 9
6. Carl Czerny, Op. 599 9
7. Cornelius Gurlitt, Op. 82 10
8. Cornelius Gurlitt, Op. 82 10
9. Cornelius Gurlitt, Op. 82 11
10. Ludvig Schytte (1848–1909) Op. 108 11
11. Johann Nepomuk Hummel (1778–1837) 12
12. Hermann Berens (1826–1880) Op. 70 12
13. Ludvig Schytte, Op. 160 13
14. Henry Lemoine (1786–1854) Op. 37 14
15. Albert Löschhorn (1819–1905) Op. 65 15
16. Henry Lemoine, Op. 37 16
17. Henry Lemoine, Op. 37 16
18. Cornelius Gurlitt, Op. 186 17
19. Cornelius Gurlitt, Op. 186 18
20. Louis Köhler, Op. 242 19
21. Louis Köhler, Op. 242 20
22. Cornelius Gurlitt, Op. 199 21
23. Henry Lemoine, Op. 37 22
24. Hermann Berens, Op. 88 24
25. Henri Bertini (1798–1876) Op. 29 26
26. Cornelius Gurlitt, Op. 199 28
27. Henri Bertini, Op. 29 29
28. Henri Bertini, Op. 29 30

29. Robert Schumann (1810–1856): Melodie – Melody – Mélodie, Op. 68 31
30. François Dandrieu (1682–1738): Les Tourbillons – Wirbel – Eddy 32
31. Johann Sebastian Bach (1685–1750): Sarabande con Partite, BWV 990/X 33
32. Wolfgang Amadeus Mozart (1756–1791): Allegro, KV 25/III 34

Playing with Alternating Hands and in Unison, Crossing of Hands
Spiel mit abwechselnden Händen und Unisono, Handkreuzung
Jeu en alternant les mains et à l'unisson, croisement des mains

33. Cornelius Gurlitt, Op. 82 35
34. Ludvig Schytte, Op. 160 35
35. Cornelius Gurlitt, Op. 82 36
36. Ludvig Schytte, Op. 160 36
37. Carl Czerny, Op. 261 37
38. Carl Czerny, Op. 261 37
39. Carl Czerny, Op. 199 38
40. Carl Czerny, Op. 599 39
41. Cornelius Gurlitt, Op. 199 40
42. Henri Bertini, Op. 100 41

43. Henry Lemoine, Op. 37 42
44. Carl Czerny, Op. 139 43
45. Henri Bertini, Op. 100 44
46. Carl Czerny, Op. 139 45
47. Carl Czerny, Op. 139 47
48. Carl Czerny, Op. 139 48
49. Stephen Heller (1813–1888), Op. 46 49

50. Johann Friedrich Burgmüller (1806–1874): Inquiétude – Unruhe – Inquietude, Op. 100 50
51. Johann Christoph Friedrich Bach (1732–1795): Solfeggio 51
52. Carl Philipp Emanuel Bach (1714–1788): Presto 52
53. Robert Schumann: Kleine Studie – A Short Study – Petite étude, Op. 68 54
54. Robert Schumann: Phantasietanz – Fancy-Dance – Fantaisie-Danse, Op. 124 56
55. Johann Friedrich Burgmüller: L'hirondelle – Die Schwalbe – The Swallow, Op. 100 58

Broken Chord, Tremolo and Passage
Gebrochener Akkord, Tremolobewegung und Passage
Accord brisé, Trémolo et passage

56. Ludvig Schytte, Op. 160 60
57. Cornelius Gurlitt, Op. 82 60
58. Cornelius Gurlitt, Op. 82 61
59. Cornelius Gurlitt, Op. 82 62
60. Louis Köhler, Op. 242 62
61. Louis Köhler, Op. 50 64
62. Carl Czerny, Op. 139 65
63. Louis Köhler, Op. 50 66
64. Cornelius Gurlitt, Op. 199 66
65. Stephen Heller, Op. 125 68
66. Carl Czerny, Op. 599 69
67. Jean-Baptiste Duvernoy (1820–1880), Op. 276 70
68. Carl Czerny, Op. 139 72
69. Carl Czerny, Op. 718 73
70. Hermann Berens, Op. 88 74
71. Carl Czerny, Op. 748 76
72. Henri Bertini, Op. 175 78
73. Stephen Heller, Op. 128 79

74. Georg Philipp Telemann (1681–1767): Fantasia, TWV 33:33 80
75. Johann Sebastian Bach: Menuet, BWV Anh. 116 82
76. Domentico Zipoli (1688–1726): Allegro 83
77. Johann Sebastian Bach: Praeambulum, BWV 924 84
78. Carl Philipp Emanuel Bach: Klavierstück für die rechte oder linke Hand allein – Piano Piece for the Right or the Left Hand Alone – Piece pour piano a la main gauche ou droite seul 85
79. Carl Philipp Emanuel Bach: Solfeggio 85
80. Carl Philipp Emanuel Bach: Allegro 86
81. Friedrich Kuhlau: (1786–1832): Österreichisches Volkslied – Austrian Folksong – Chanson populaire autrichienne, Op. 42 87
82. Carl Maria von Weber: (1786–1826): Walzer, Jähns-Anh. 148 88

Chord and Staccato
Akkord und Staccato
Accord et staccato

83. Carl Czerny, Op. 599 ... 89
84. Cornelius Gurlitt, Op. 82 ... 90
85. Ludvig Schytte, Op. 108 ... 90
86. Cornelius Gurlitt, Op. 82 ... 91
87. Cornelius Gurlitt, Op. 82 ... 91
88. Carl Czerny, Op. 599 ... 92
89. Cornelius Gurlitt ... 93
90. Henry Lemoine, Op. 37 ... 94
91. Carl Czerny, Op. 261 ... 95
92. Carl Czerny, Op. 139 ... 96
93. Carl Czerny, Op. 823 ... 96
94. Hans Schmitt (1835–1907) ... 97
95. Hermann Berens, Op. 70 ... 98
96. Henry Leomoine, Op. 37 ... 98
97. Jean-Baptiste Duvernoy, Op. 276 ... 100
98. Carl Czerny, Op. 599 ... 101
99. Carl Czerny, Op. 599 ... 101
100. Carl Czerny, Op. 599 ... 102
101. Jean-Baptiste Duvernoy, Op. 276 ... 103
102. Carl Czerny, Op. 599 ... 104
103. Henri Bertini, Op. 29 ... 104
104. Carl Czerny, Op. 139 ... 106
105. Henry Lemoine, Op. 37 ... 108
106. Stephen Heller, Op. 45 ... 109
107. Henri Bertini, Op. 32 ... 110
108. Stephen Heller, Op. 45 ... 112

109. Robert Schumann: Wilder Reiter – The Wild Rider – Le cavalier sauvage, Op. 68 ... 113
110. Robert Schumann: Armes Waisenkind – Poor Orphan – Le pauvre orphelin, Op. 68 ... 114
111. Johannes Brahms: Walzer ... 115
112. Pjotr Iljitsch Tschaikowsky (1840–1893): Der kleine Reiter – The Little Rider – Le petit cavalier ... 116

Velocity in Playing
Geläufiges Spiel
Jeu véloce

113. Carl Czerny, Op. 821 ... 118
114. Albert Löschhorn, Op. 65 ... 118
115. Henry Lemoine, Op. 37 ... 120
116. Carl Czerny, Op. 718 ... 121
117. Cornelius Gurlitt, Op. 186 ... 122
118. Cornelius Gurlitt, Op. 186 ... 123
119. Louis Köhler, Op. 242 ... 124
120. Henri Bertini, Op. 29 ... 125
121. Carl Czerny, Op. 299 ... 126
122. Henri Bertini, Op. 29 ... 128
123. Carl Philipp Emanuel Bach: Fantasia ... 130
124. Johann Sebastian Bach: Praeambulum, BWV 927 ... 131
125. François Couperin (1668–1733): Les Papillons – Schmetterlinge – Butterflies ... 132
126. Johann Sebastian Bach: Praeludium, BWV 902a ... 134

Ornament
Verzierung
Ornement

127. Carl Czerny, Op. 599 136
128. Carl Czerny, Op. 261 137
129. Carl Czerny, Op. 261 137
130. Carl Czerny, Op. 599 138
131. Carl Czerny, Op. 139 139
132. Stephen Heller, Op. 125 140
133. Hermann Berens, Op. 88 142

134. Johann Sebastian Bach: Polonaise, BWV Anh. 128 143
135. Johann Friedrich Burgmüller: La gracieuse – Die Anmutige – The graceful girl, Op. 100 144

Repetition
Repetition
Répétition

136. Henri Bertini, Op. 100 145
137. Carl Czerny, Op. 821 146
138. Carl Czerny, Op. 261 146
139. Carl Czerny, Op. 261 147

140. Domenico Scarlatti (1685–1757): Sonata in a, K149, L93 148
141. Carl Czerny, Op. 139 150

Playing in Octaves
Oktavspiel
Jeu en octaves

142. Hermann Berens, Op. 88 151
143. Carl Czerny, Op. 821 153
144. Carl Czerny, Op. 821 153
145. Henri Bertini, Op. 29 154
146. Henri Bertini, Op. 29 156
147. Henri Bertini, Op. 29 157

148. Wolfgang Amadeus Mozart: Allegro, KV 179/X 158
149. Franz Schubert (1797–1828): Valse noble, Op. 77 159

Playing Legato
Legatospiel
Jeu lié

Carl Czerny
Op. 599.

1.

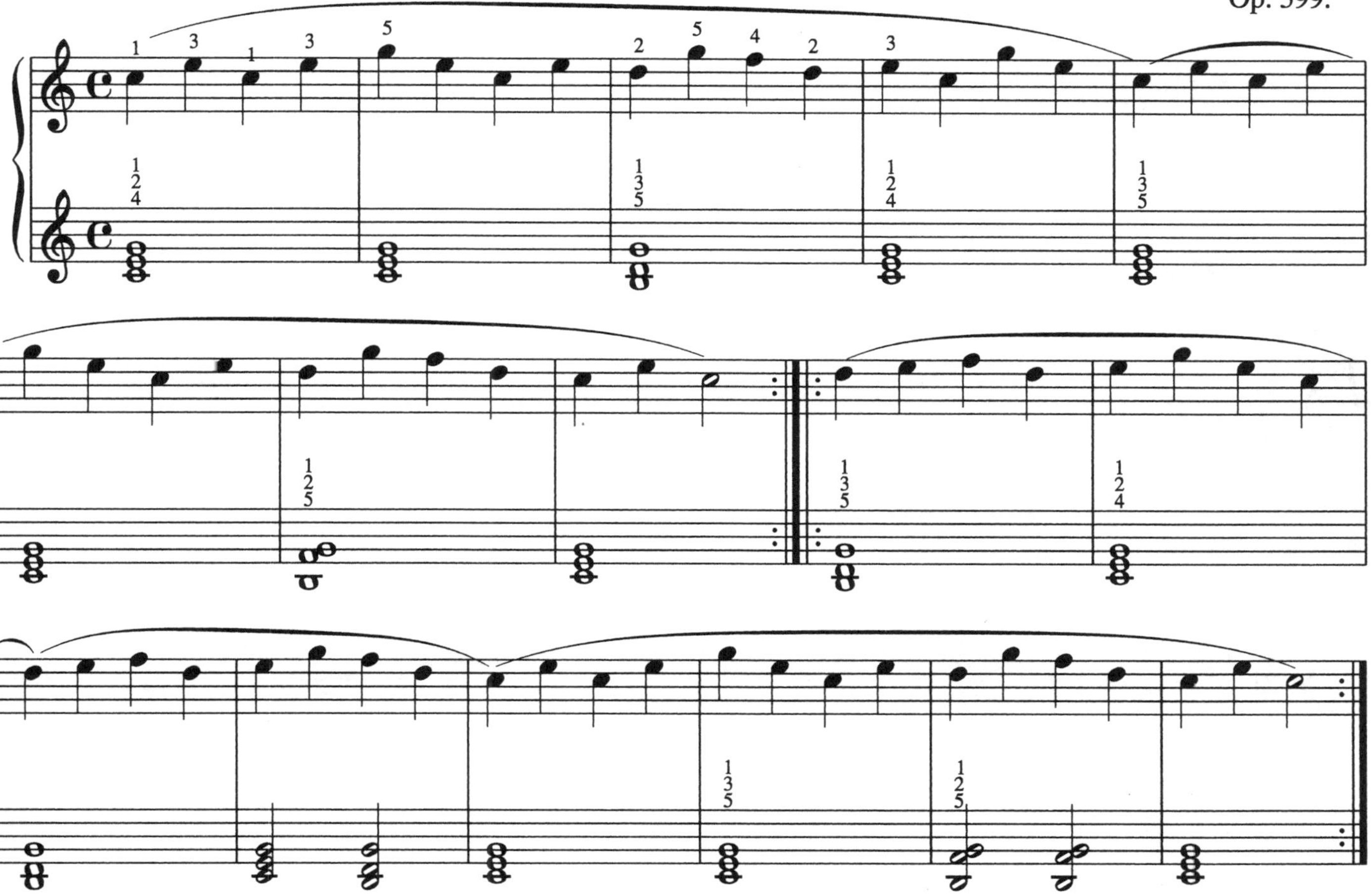

Carl Czerny
Op. 599.

2.

Louis Köhler
Op. 162.

3.

Carl Czerny
Op. 599.

4.

Cornelius Gurlitt
Op. 82.

Andante

5.

Carl Czerny
Op. 599.

6.

Cornelius Gurlitt
Op. 82.

Andante

7.

Cornelius Gurlitt
Op. 82.

Con moto

8.

Cornelius Gurlitt
Op. 82.

Allegretto

Ludvig Schytte
Op. 108.

Allegretto grazioso

Johann Nepomuk Hummel

11.

Moderato

Hermann Berens
Op. 70.

12.

Allegro moderato

Ludvig Schytte
Op. 160.

Henry Lemoine
Op. 37.

Moderato
14.
mf
cresc.
f
mf
cresc.
f
Fine
f
mf
f
p
dim.
Da Capo al Fine

Albert Löschhorn
Op. 65.

Allegretto

Allegro

Henry Lemoine
Op. 37.

16.

Allegro

Henry Lemoine
Op. 37.

17.

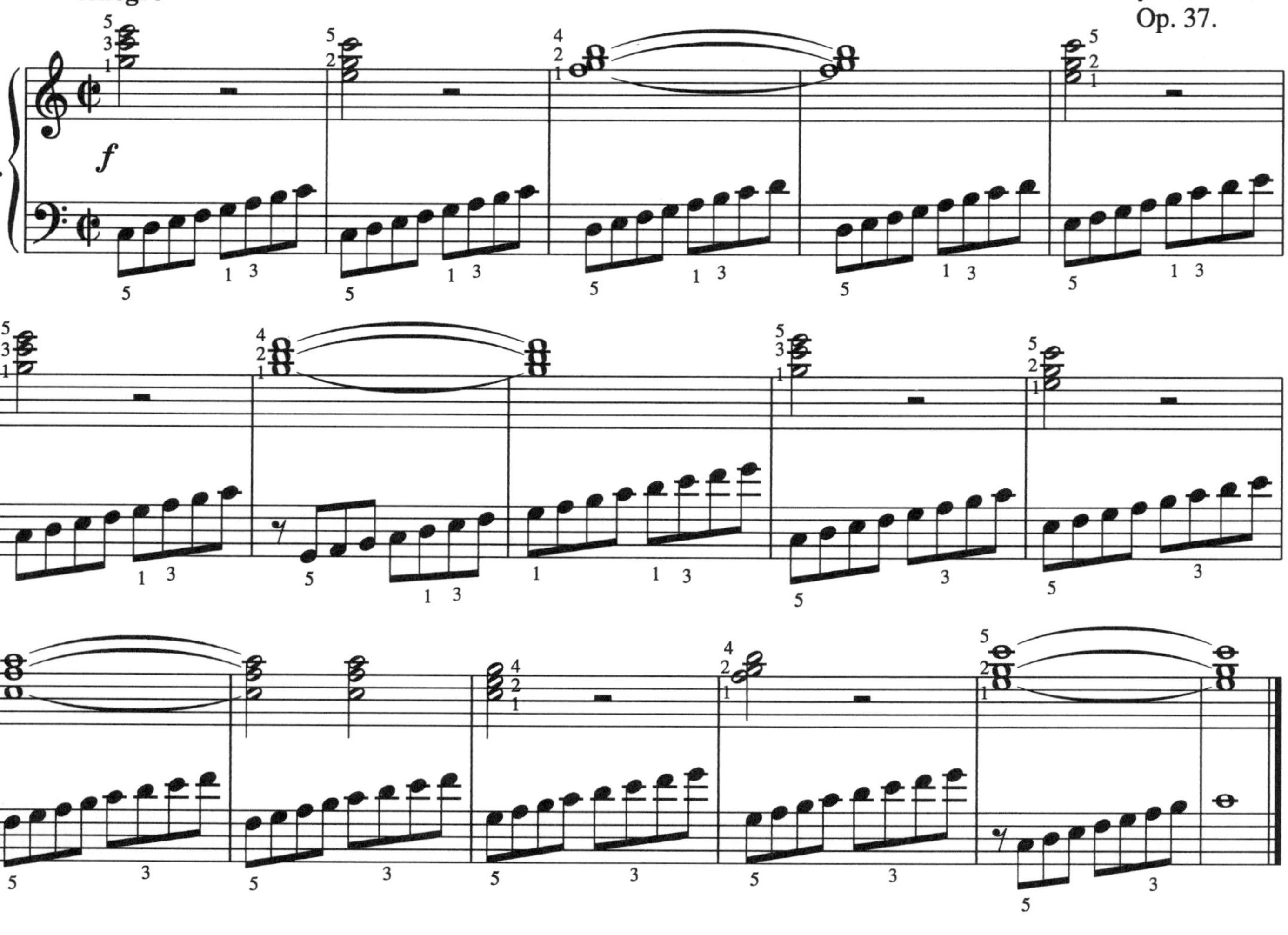

Cornelius Gurlitt
Op. 186.

18.

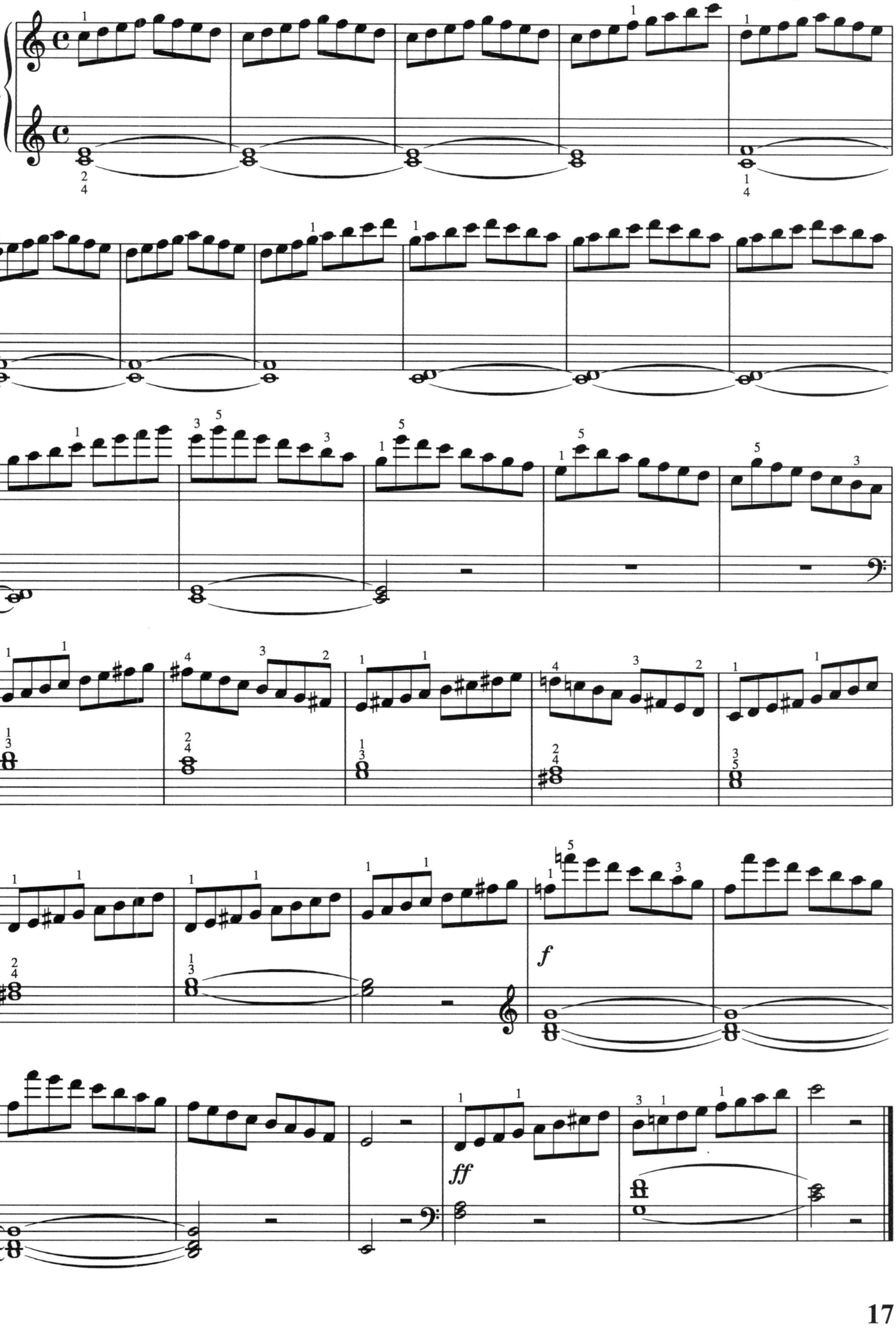

Cornelius Gurlitt
Op. 186.

19.

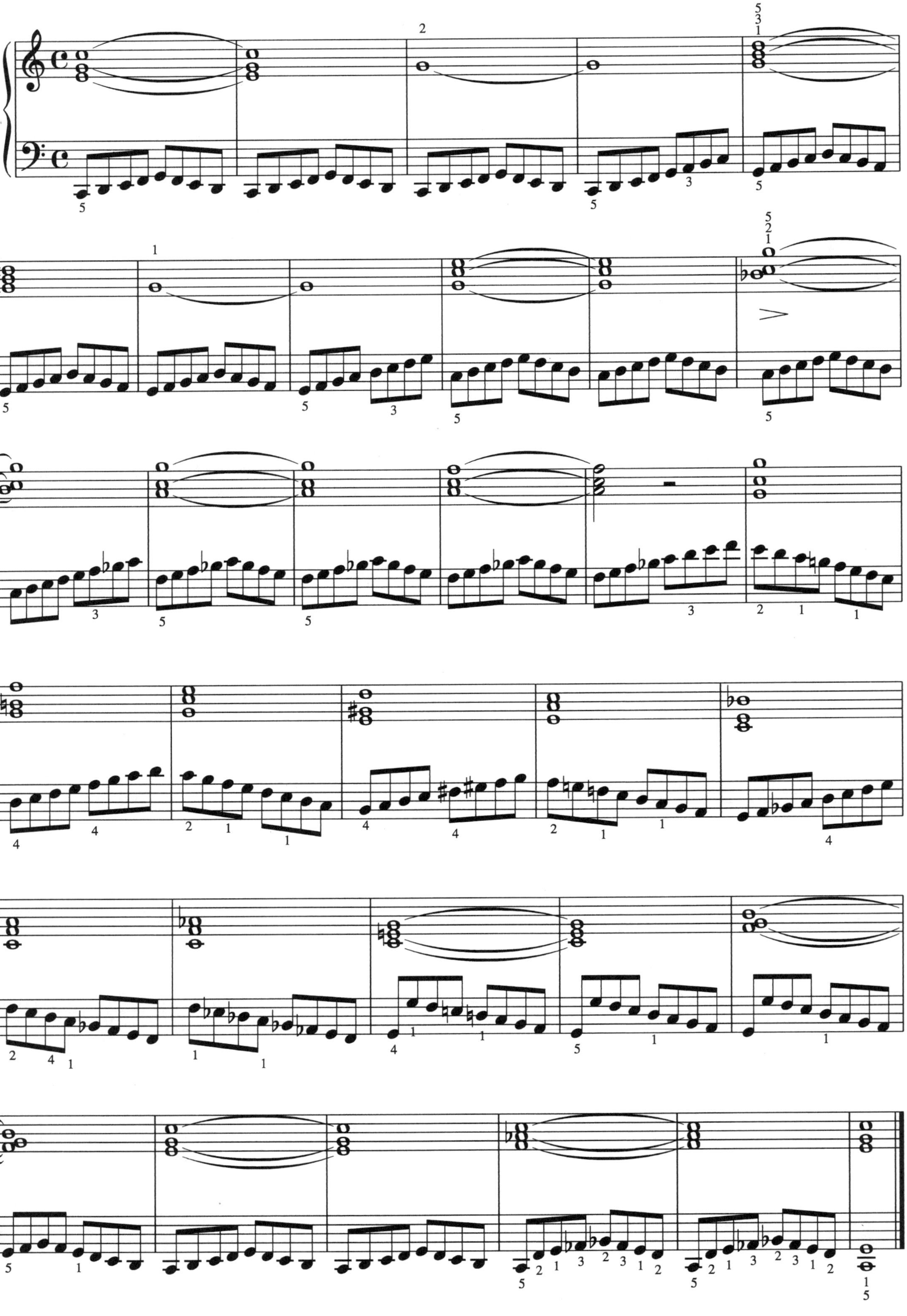

Louis Köhler
Op. 242.

Louis Köhler
Op. 242.

Allegro

21.

Cornelius Gurlitt
Op. 199.

Vivace, non troppo

Allegro

Henry Lemoine
Op. 37.

23.

Allegro con fuoco

Hermann Berens
Op. 88.

24.

legato
legato
cre
scen
do

Henri Bertini
Op. 29.

ff
p
f
p

Cornelius Gurlitt
Op. 199.

Moderato molto

Henri Bertini
Op. 29.

27.
Andante
legato
p espr.
p
f dim.
ten.
f
dim.
rall.

Allegro

Henri Bertini
Op. 29.

28.

Melodie

Robert Schumann
Op. 68.

Les Tourbillons

François Dandrieu

Johann Sebastian Bach
BWV 990/X

Sarabande con Partite

31.

Allegro

Wolfgang Amadeus Mozart
KV 25/III

32.

Playing with Alternating Hands and in Unison, Crossing of Hands
Spiel mit abwechselnden Händen und Unisono, Handkreuzung
Jeu en alternant les mains et à l'unisson, croisement des mains

Cornelius Gurlitt
Op. 82.

Andantino

33.

Ludvig Schytte
Op.160.

Moderato

34.

Cornelius Gurlitt
Op.82.

Allegretto

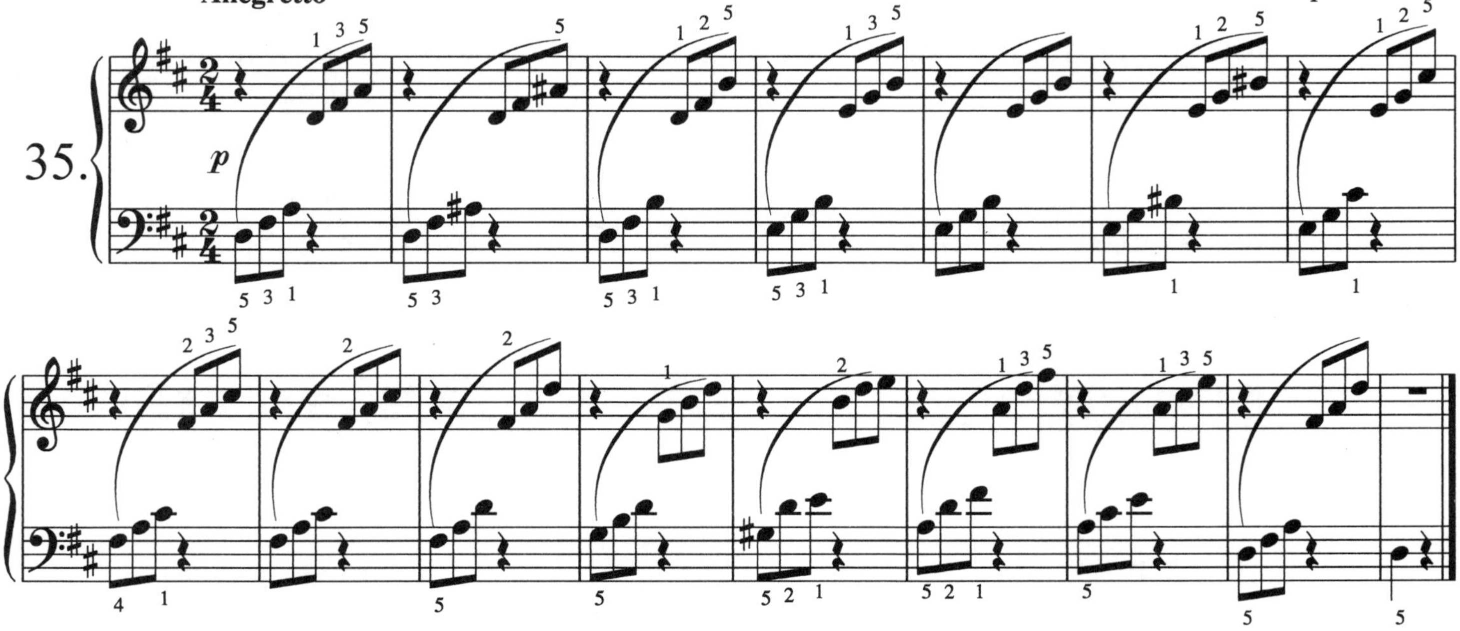

Ludvig Schytte
Op. 160.

Andantino

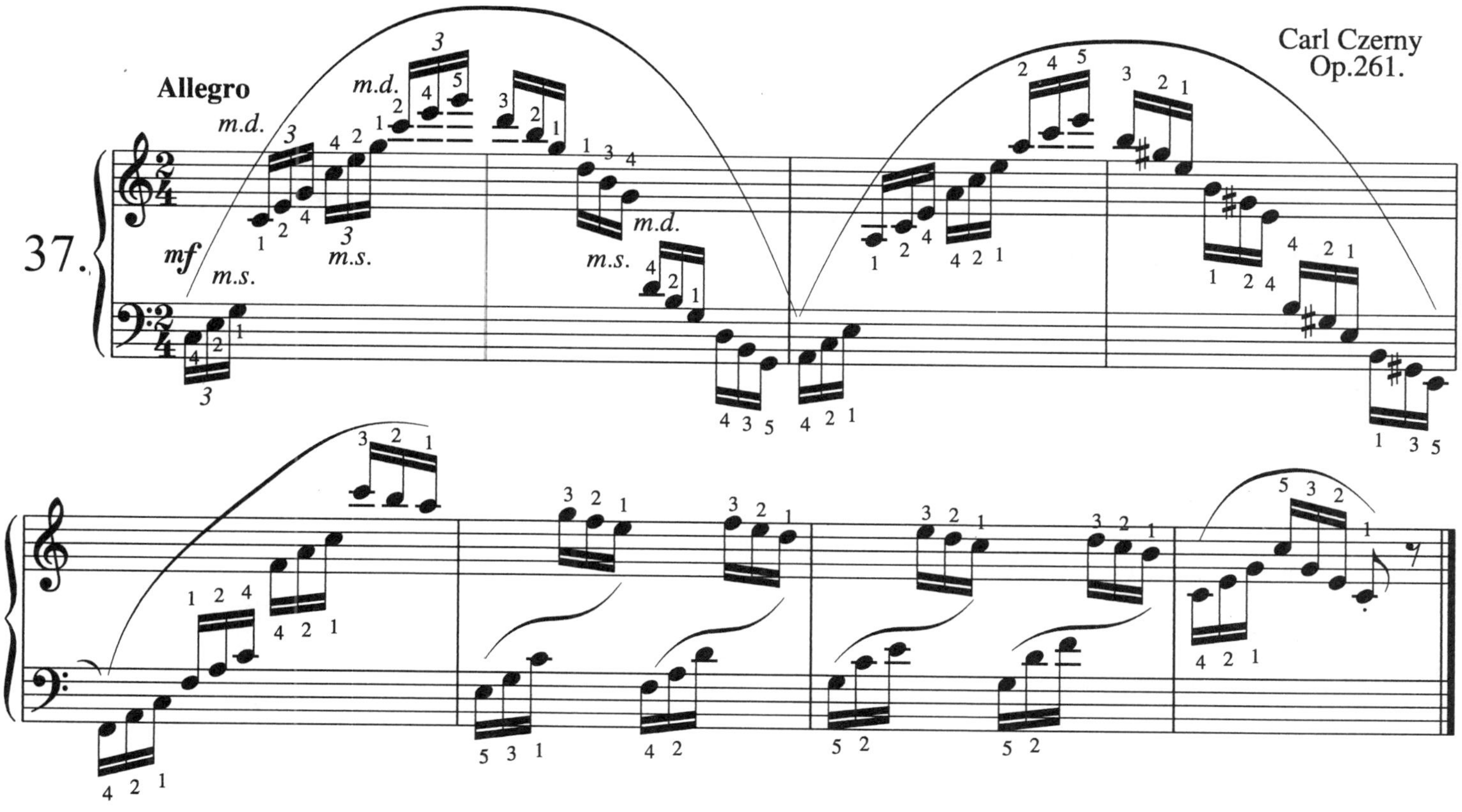
37.
Allegro
Carl Czerny
Op.261.
m.d.
m.s.
mf

38.
Allegro
leggiermente
Carl Czerny
Op. 261.
p

Carl Czerny
Op. 199.

Allegretto
39.
mf
f risoluto
decresc.
poco rit.
a tempo
mf
f

Carl Czerny
Op.599.

Allegro

Cornelius Gurlitt
Op.199.

Con moto
41.
p
leggiero,legato sempre
mf
f
cresc.
ff
dim.
p
f

Henri Bertini
Op. 100.

Allegro moderato
42.
f
mf
f
f
mf
più lento
rall.
pp

Henry Lemoine
Op. 37.

Allegro moderato

43.

Allegro molto,quasi presto

Carl Czerny
Op. 139.

Henri Bertini
Op. 100.

Allegro moderato

Da Capo al Fine

Carl Czerny
Op. 139.

46.

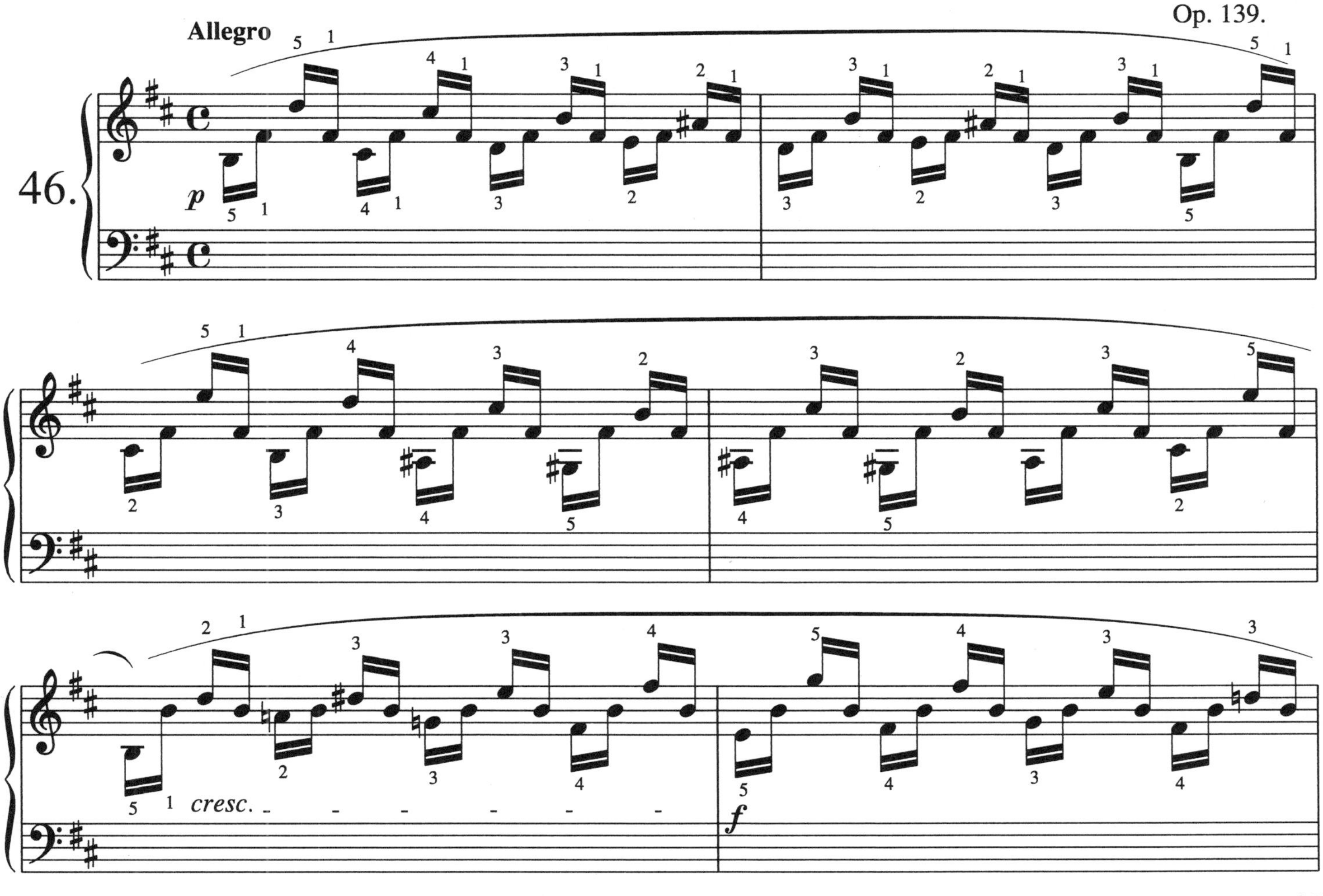

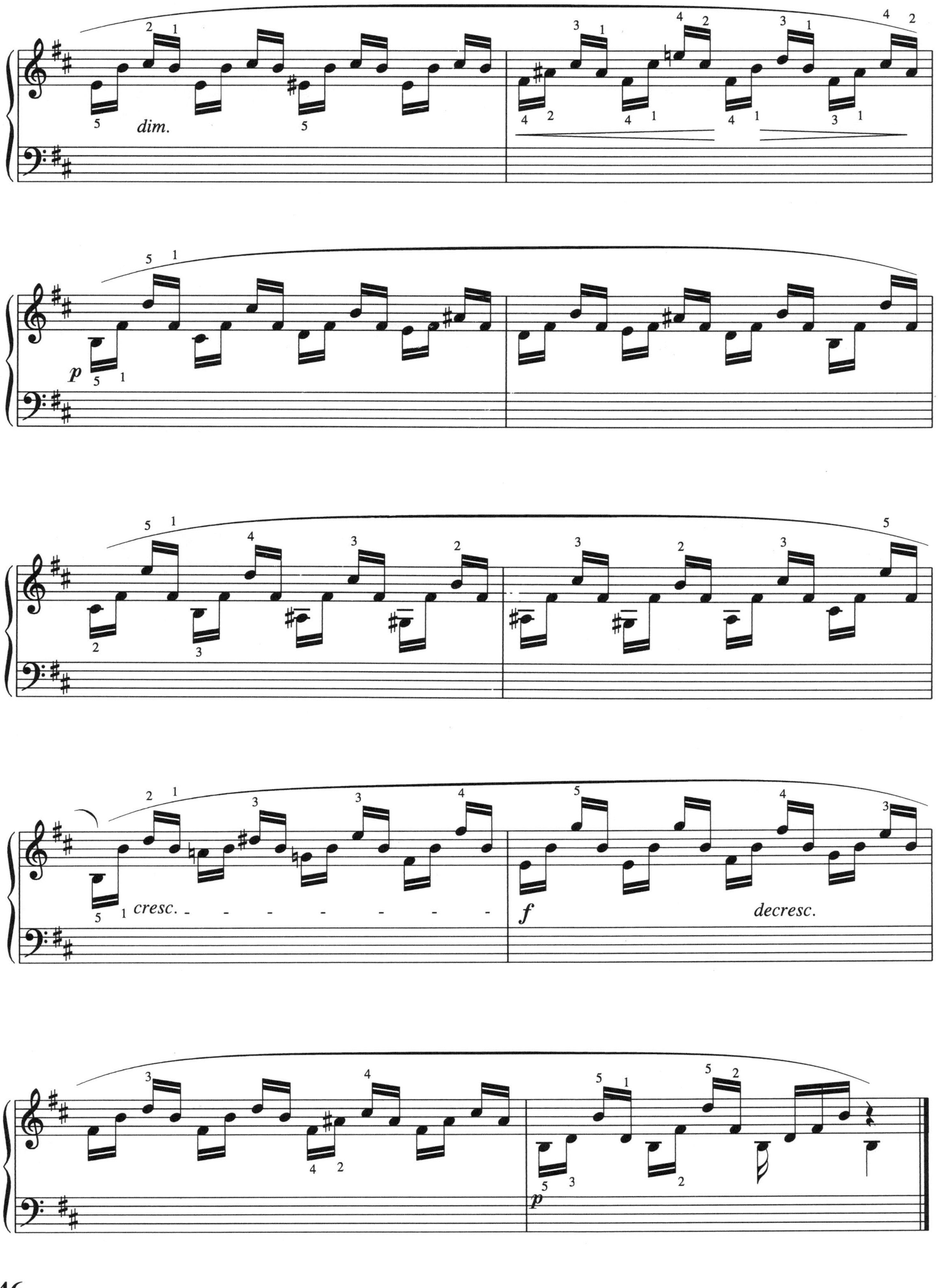
dim.
cresc.
decresc.

Andantino

Carl Czerny
Op. 139.

47.
p
legato
cresc.
f
decresc.
p
p
cresc.
f
decresc.
p

Carl Czerny
Op. 139.

Allegro vivo e scherzando

Stephen Heller
Op. 46.

49.

Andantino

Inquiétude

Johann Friedrich Burgmüller
Op. 100.

Allegro agitato
50.
p
cresc.
mf
dim. e poco rall.
p in tempo
cresc.
1.
2.
f
dim.
p

Solfeggio

Johann Christoph Friedrich Bach

51.

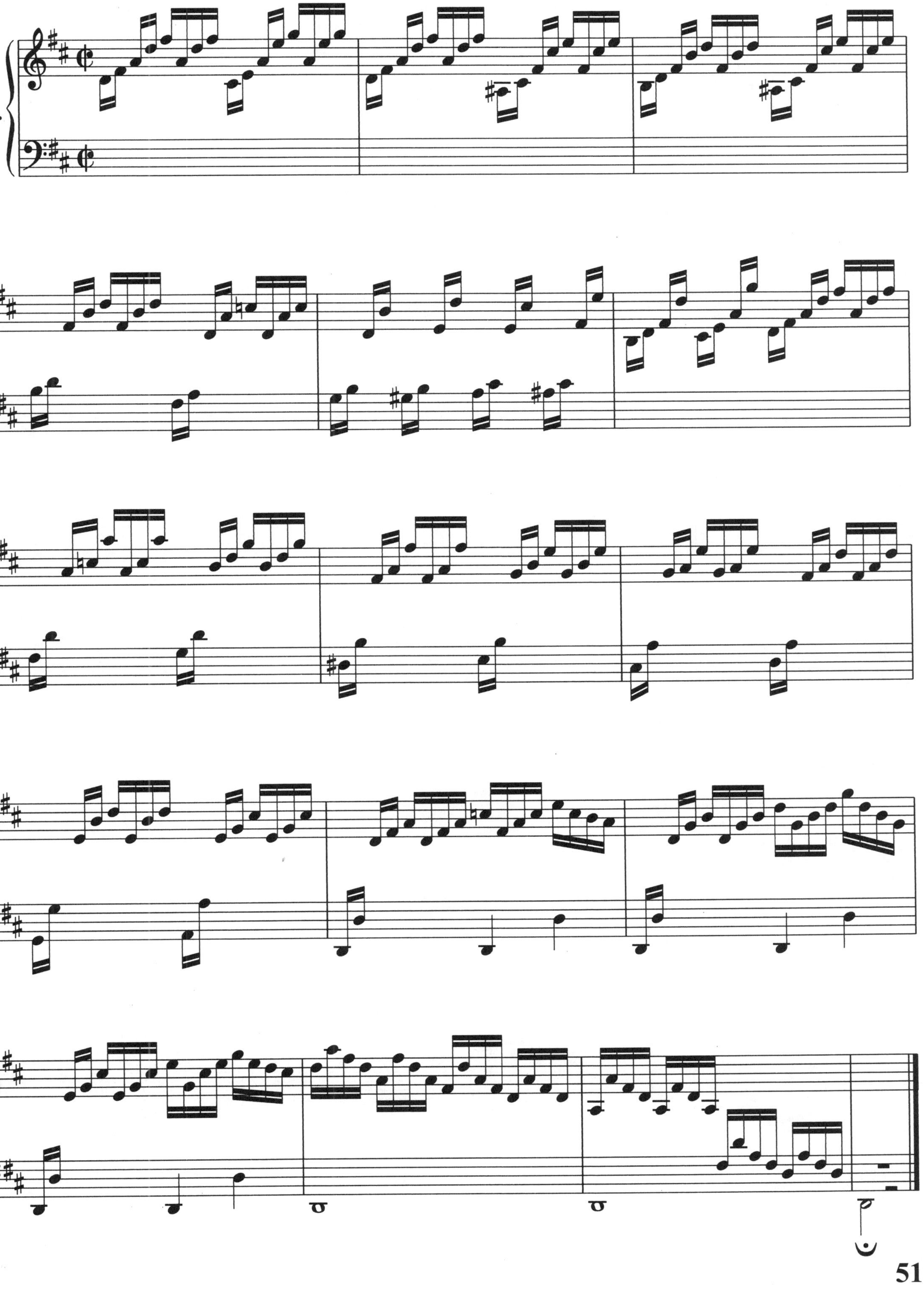

Presto

Carl Philipp Emanuel Bach

Kleine Studie

Leise und sehr egal zu spielen

Robert Schumann
Op. 68.

ossia:

Phantasietanz

Robert Schumann
Op. 124.

Sehr rasch

L'hirondelle

Johann Friedrich Burgmüller
Op. 100.

Allegro non troppo

dolce
p
cresc.
dim.
p
dim.
pp
poco rit.

Broken Chord, Tremolo and Passage
Gebrochener Akkord, Tremolobewegung und Passage
Accord brisé, trémolo et passage

Ludvig Schytte
Op. 160.

Allegretto

Cornelius Gurlitt
Op. 82.

Andante

Cornelius Gurlitt
Op. 82.

Con moto

58.

Cornelius Gurlitt
Op. 82.

59.

Louis Köhler
Op. 242.

60.

Ped.
p
cresc.
f

Louis Köhler
Op. 50.

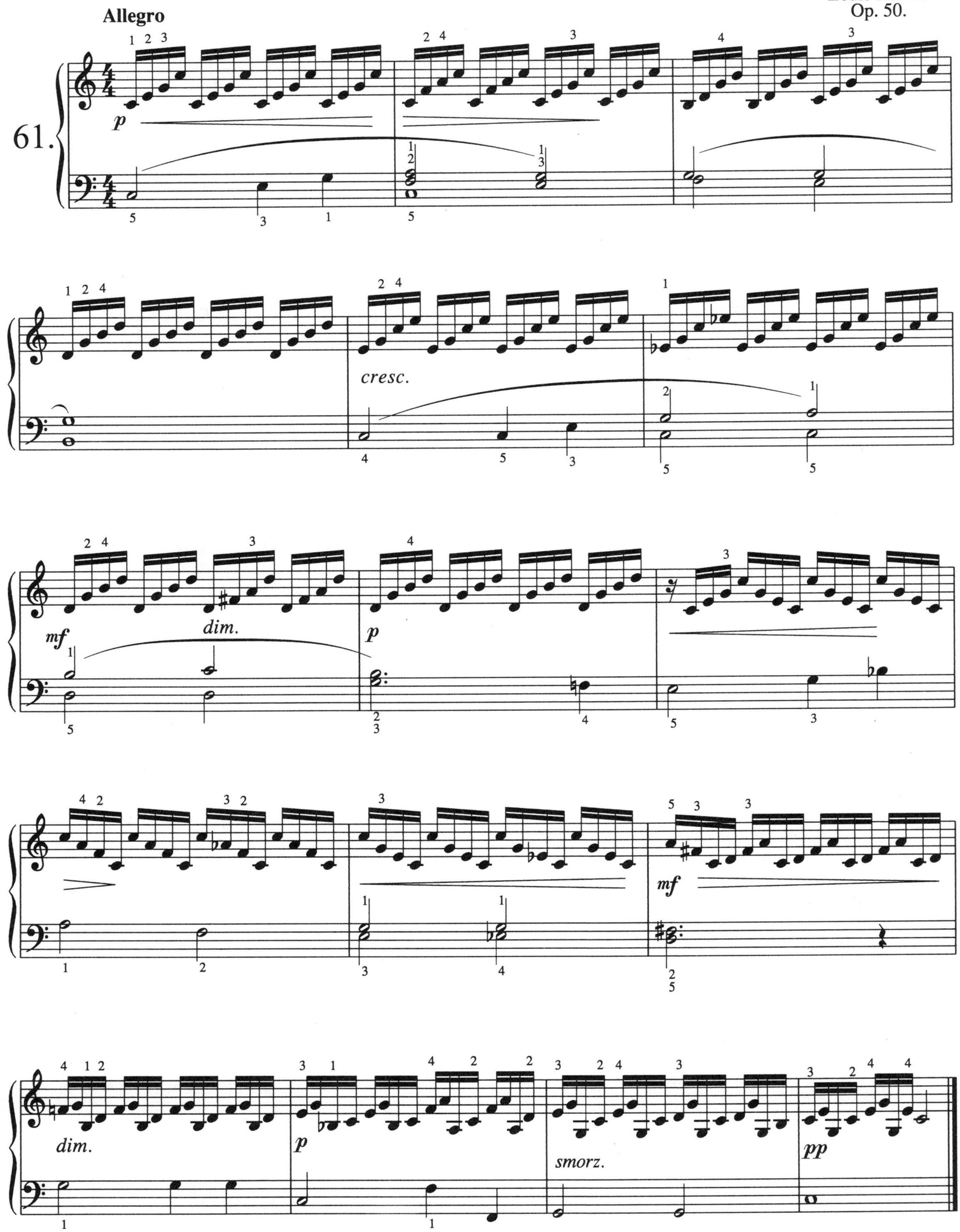
Allegro
61.
cresc.
dim.
dim.
smorz.

Carl Czerny
Op. 139.

Allegro moderato
62.
p sempre legato
f
p
f
p
cresc.
f
sf
dim.

Louis Köhler
Op. 50.

63.

Cornelius Gurlitt
Op. 199.

Vivace

64.

cresc.

Stephen Heller
Op. 125.
Tempo di marcia
65.
ten.
ten.
p
f
p
p
cresc.
f
f
sf
p
f
sf
p
p
p poco marc.
pp
mf
fp

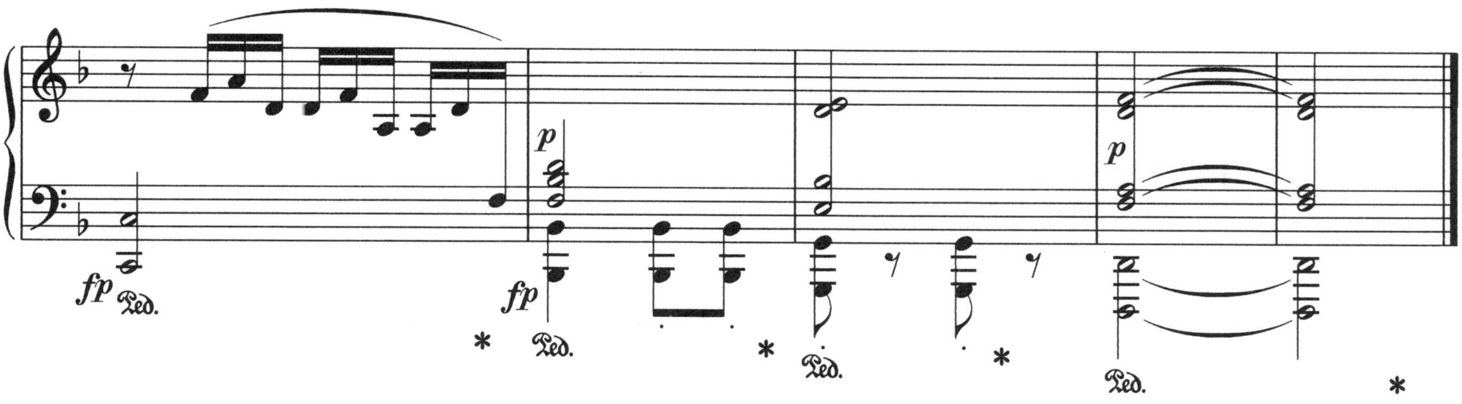

Allegro – Galoppo

Carl Czerny
Op. 599.

66.

Jean-Baptiste Duvernoy
Op. 276.

67.

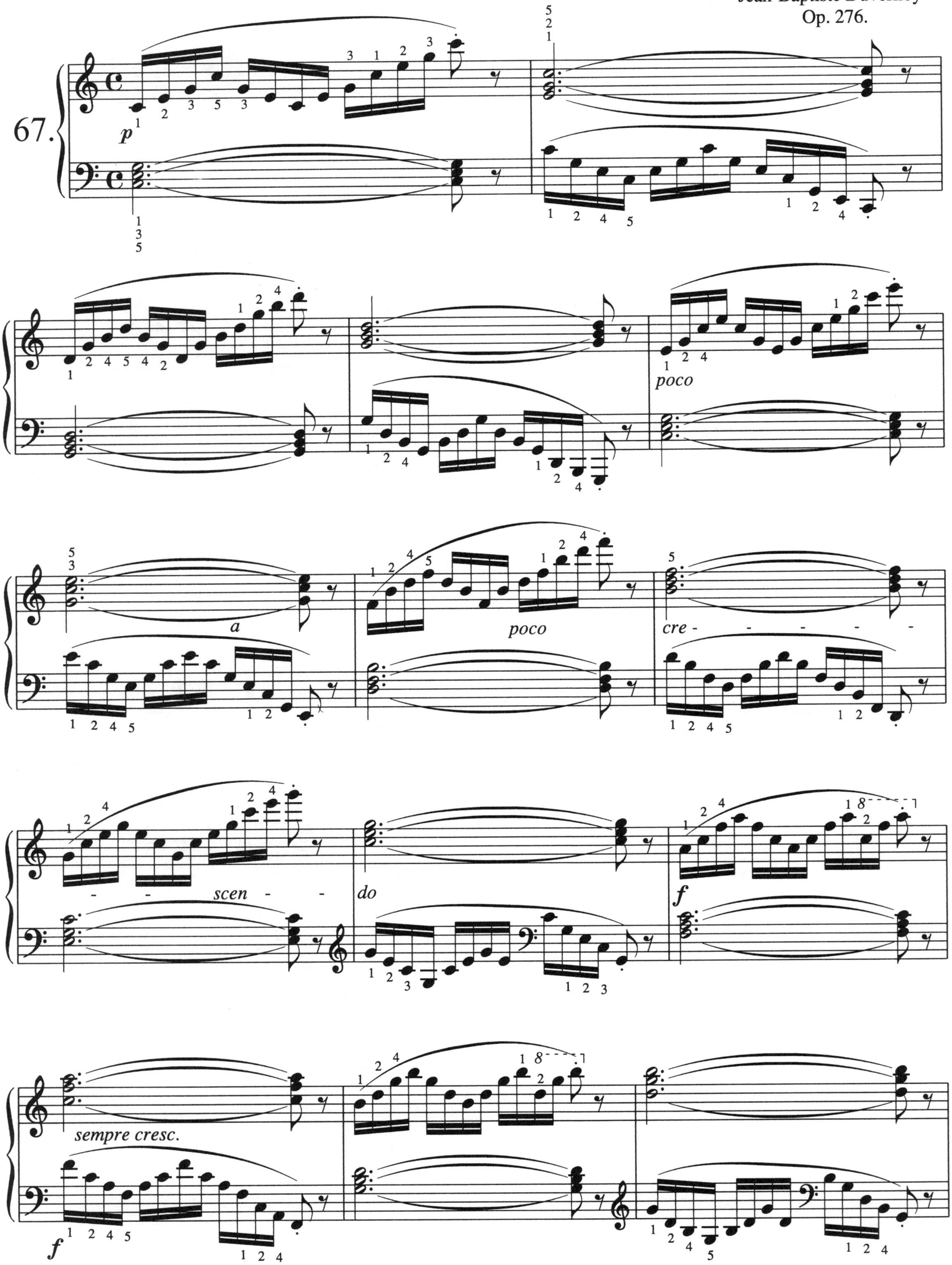
p
poco
a
poco
cre - - - - - - scen - do
f
sempre cresc.
f

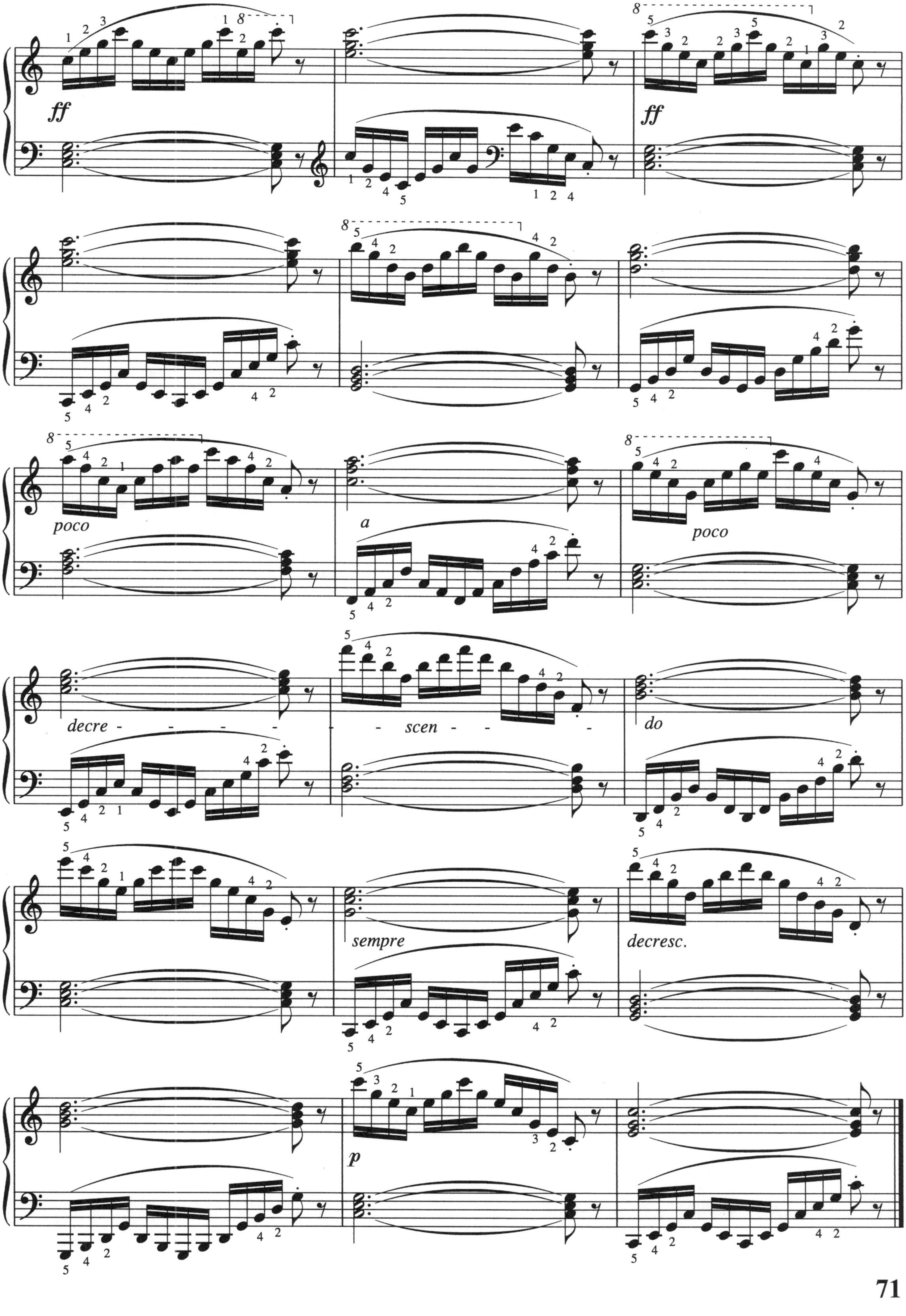
ff
ff
poco
a
poco
decre - - - - - - scen - - - do
sempre
decresc.
p

Carl Czerny
Op. 139.

Allegro vivace
68.
mf
legato
f
legato
f
cresc.
f

Carl Czerny
Op. 718.

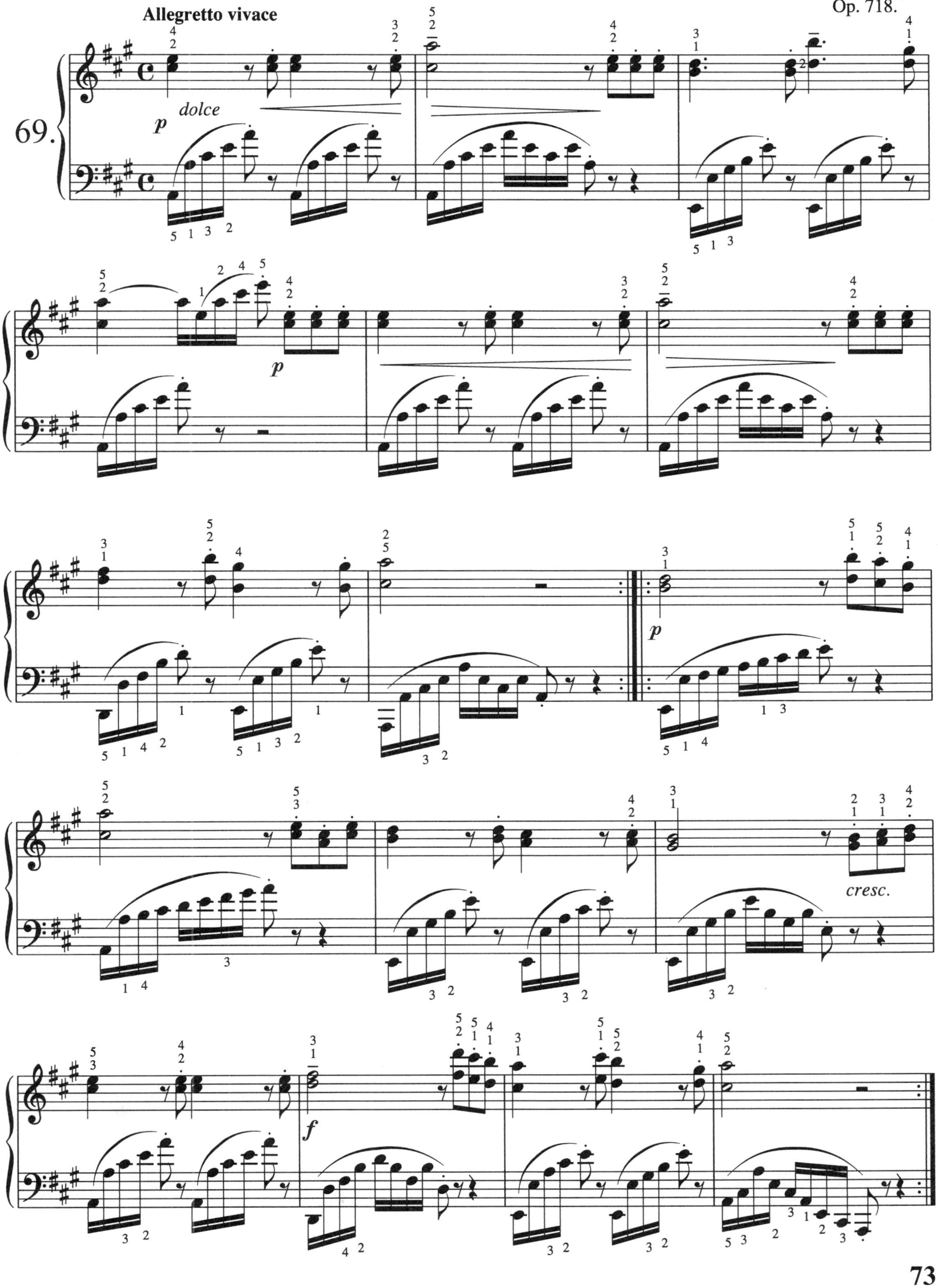

Allegretto vivace
69.
p
dolce
p
p
cresc.
f

Hermann Berens
Op. 88.

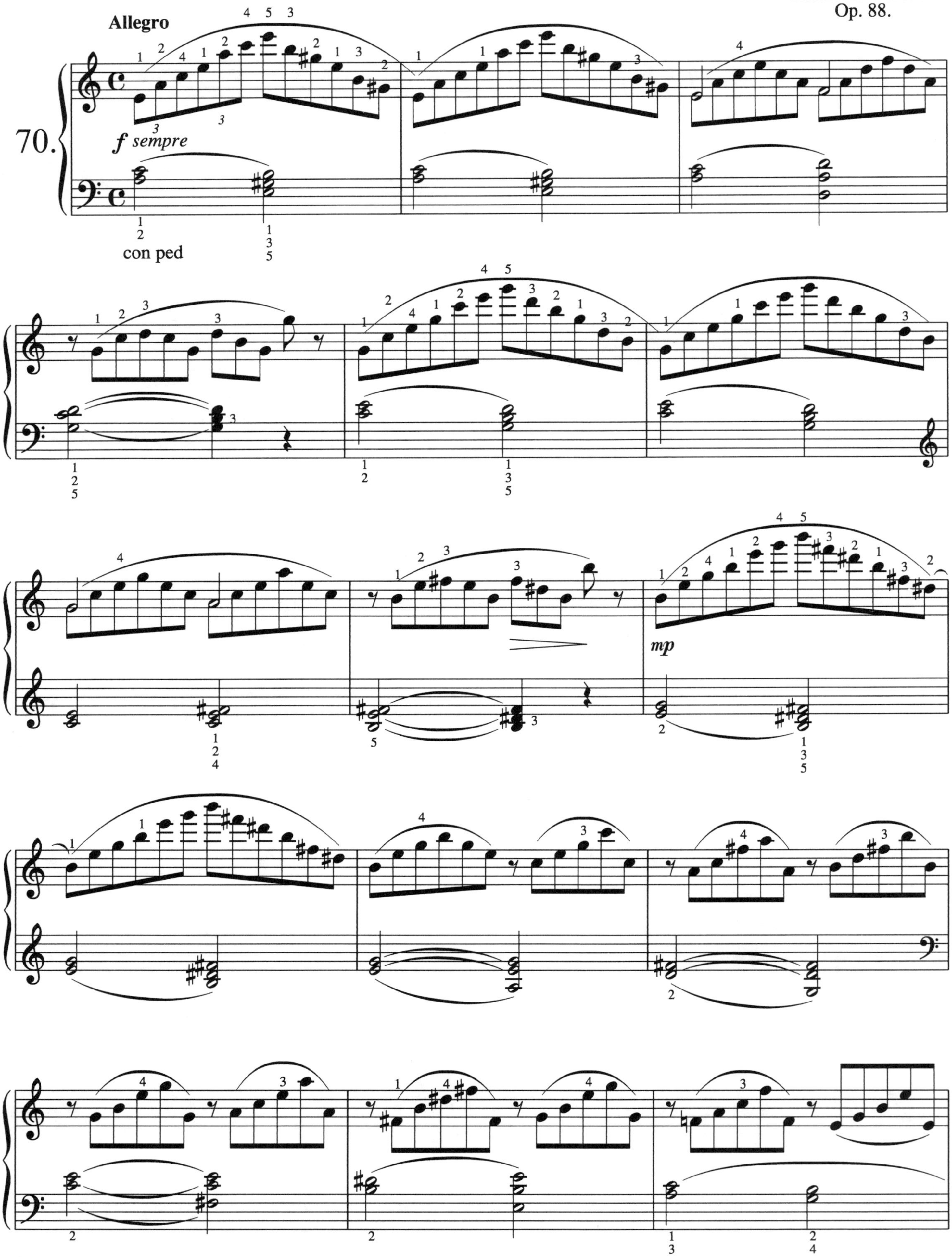
Allegro
70.
f sempre
con ped
mp

cresc.
f
8
8
pesante
ff

Carl Czerny
Op. 748.

Allegretto

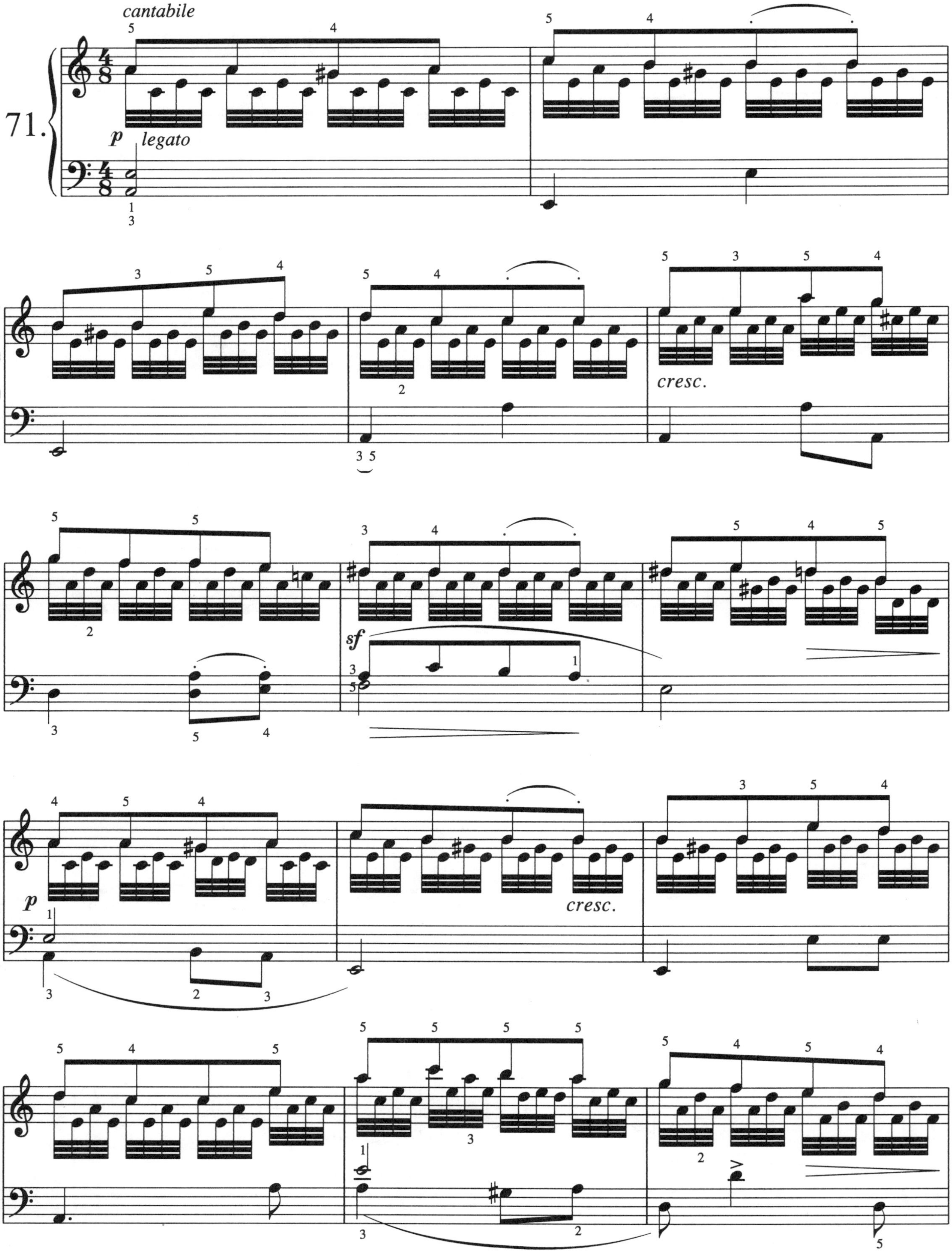
cantabile
71.
p legato
cresc.
sf
p
cresc.

p
cresc.
f
p
f
dim.

Henri Bertini
Op. 175.

72. **Andante poco allegretto**

Stephen Heller
Op. 125.

Con moto

73.

74.

Fantasia

Allegro

Georg Philipp Telemann
TWV 33:33

Menuet

Johann Sebastian Bach
BWV Anh. 116.

75.

Allegro

Domenico Zipoli

76.

Praeambulum

Johann Sebastian Bach
BWV 924

77.

Klavierstück für die rechte oder linke Hand allein

Carl Philipp Emanuel Bach

Giguenmäßig

78.

Solfeggio

Carl Philipp Emanuel Bach

79.

Allegro

Carl Philipp Emanuel Bach

80.

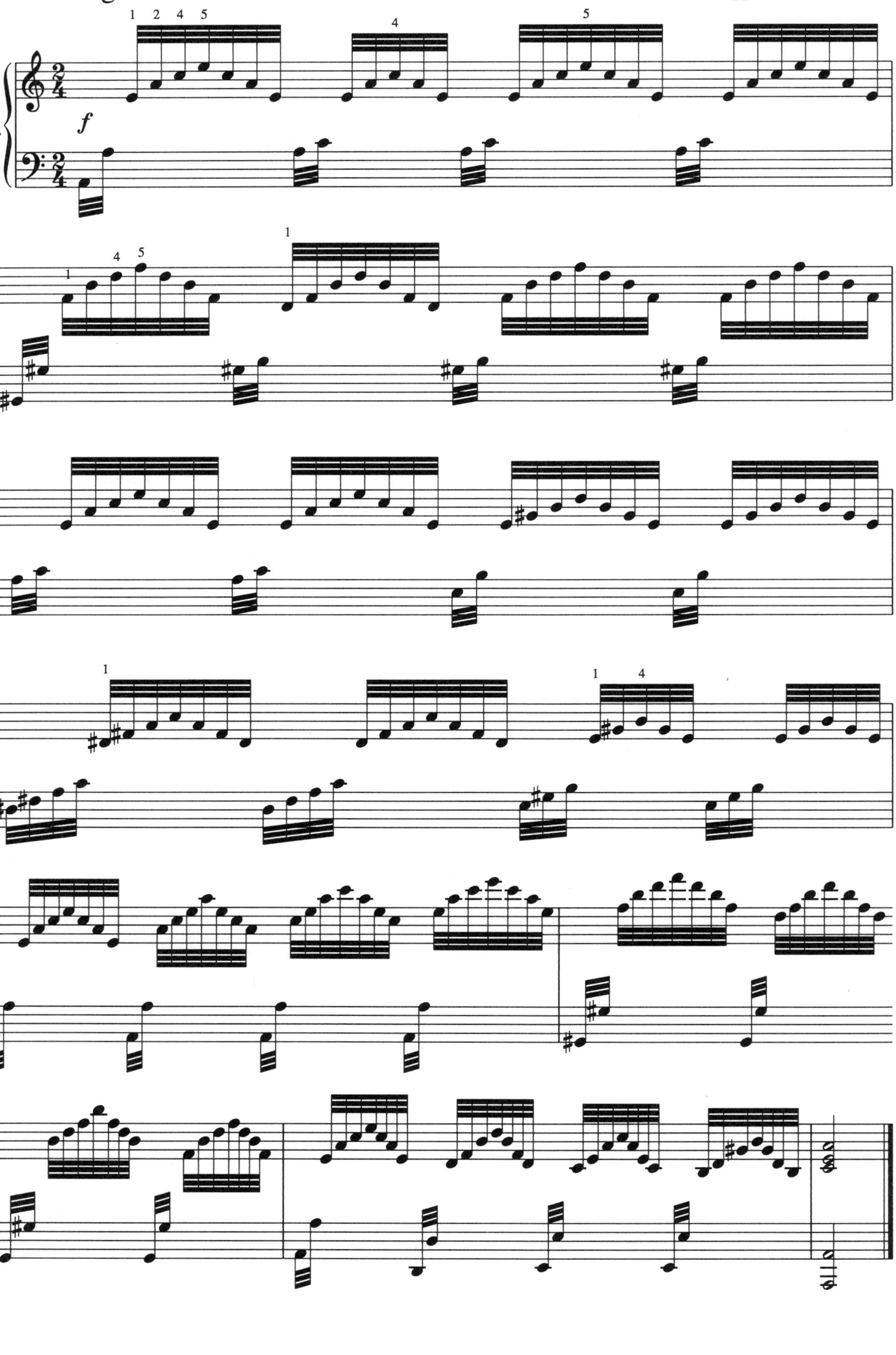

Österreichisches Volkslied

Friedrich Kuhlau
Op. 42.

81.

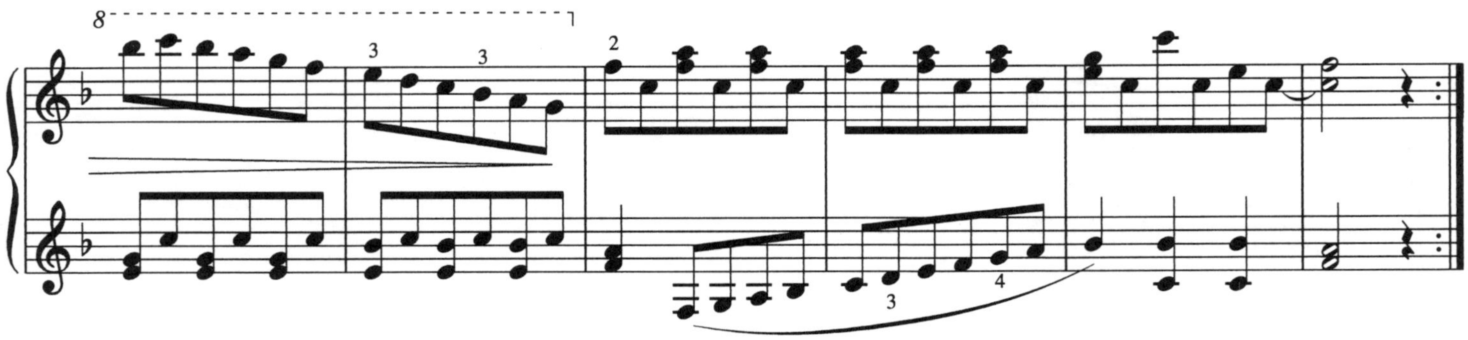

Walzer

Carl Maria von Weber
Jähns-Anh. 148.

Allegro

82.

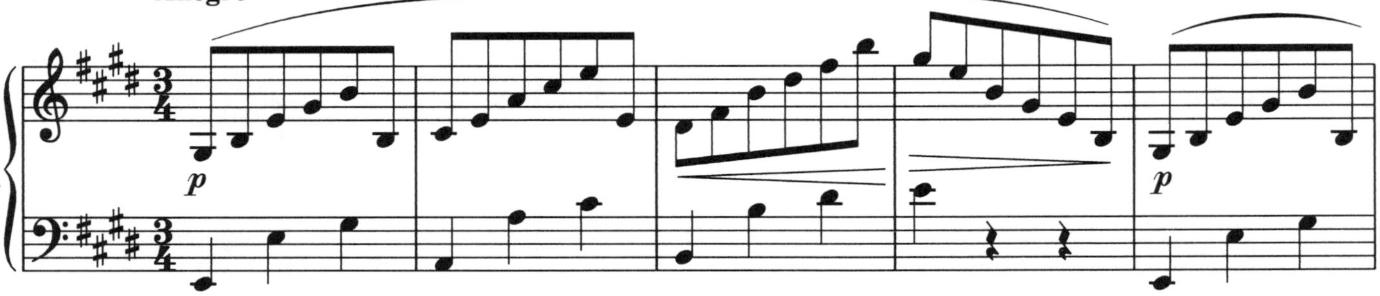

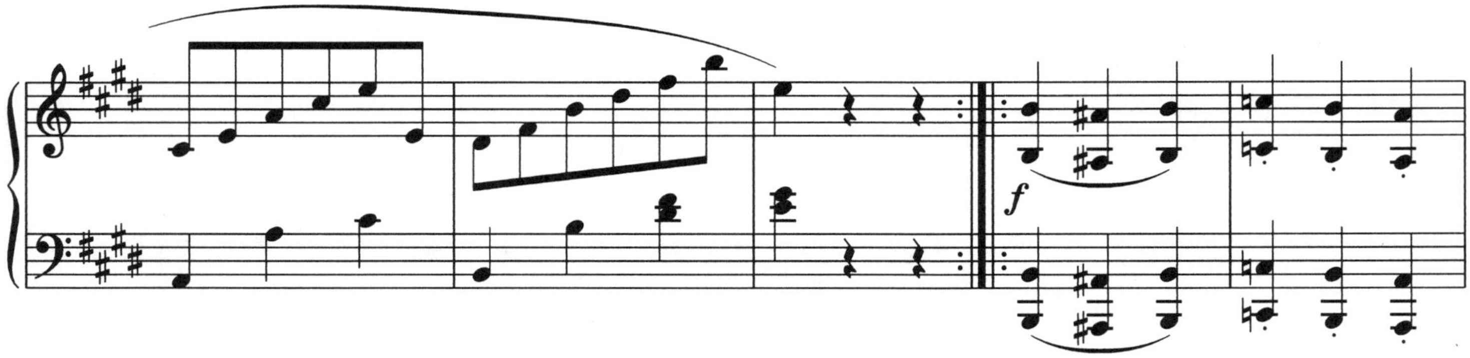

Chord and Staccato
Akkord und Staccato
Accord et staccato

Carl Czerny
Op. 599.

83.

Cornelius Gurlitt
Op. 82.

Allegretto

84.

Ludvig Schytte
Op. 108.

Allegro

85.

Cornelius Gurlitt
Op. 82.

Con moto

86.

Moderato

Cornelius Gurlitt
Op. 82.

87.

Carl Czerny
Op. 599.

Cornelius Gurlitt

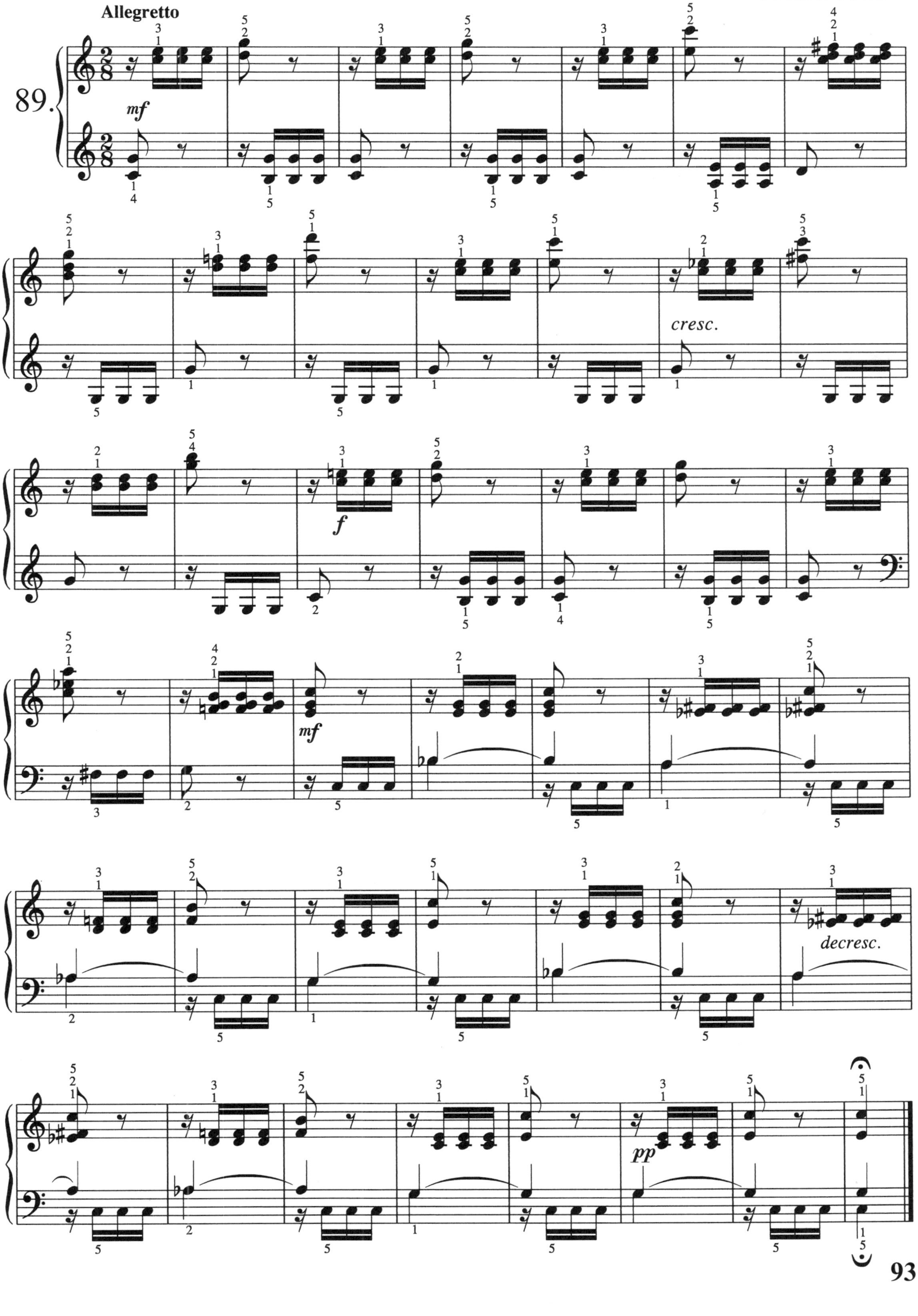
Allegretto
89.
mf
cresc.
f
mf
decresc.
pp

Henry Lemoine
Op. 37.

Allegretto

90.
ff ben marcato
p
ff
p
ff
p ben sostenuto
legato
cresc.

Carl Czerny
Op. 261.

Allegro moderato

91.

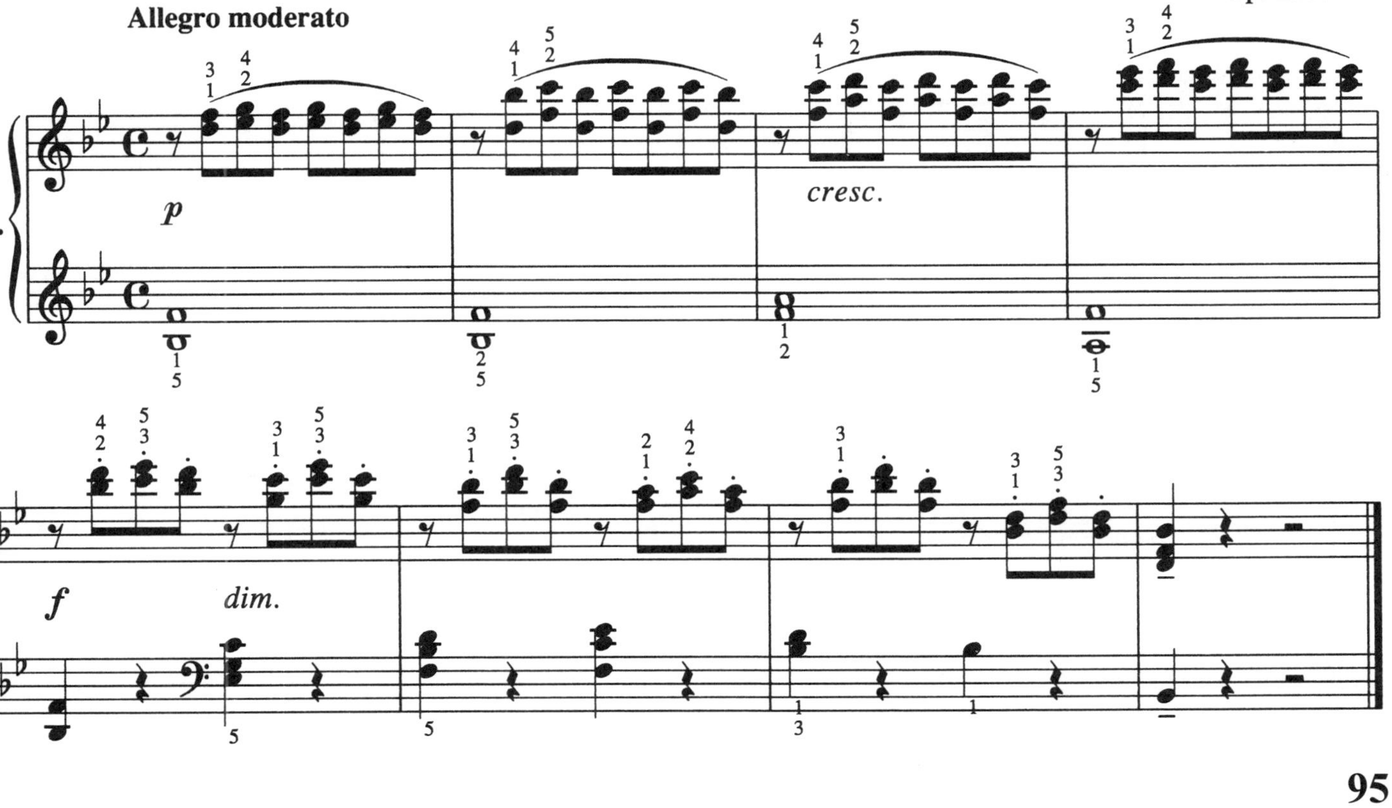

Carl Czerny
Op. 139.

Andantino

92.

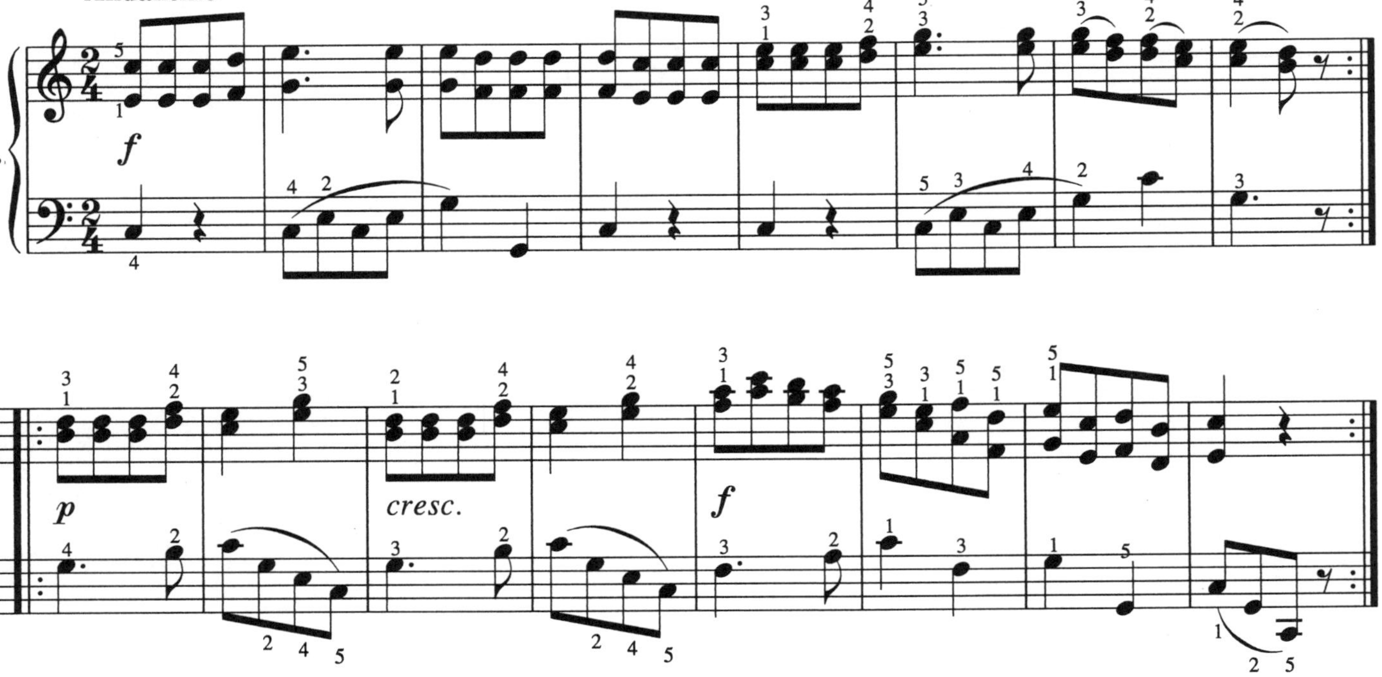

Carl Czerny
Op. 823.

Allegretto

93.

Moderato

Hans Schmitt

94.

Tempo di marcia

Hermann Berens
Op. 70.

95.

Andantino

Henry Lemoine
Op. 37.

96.

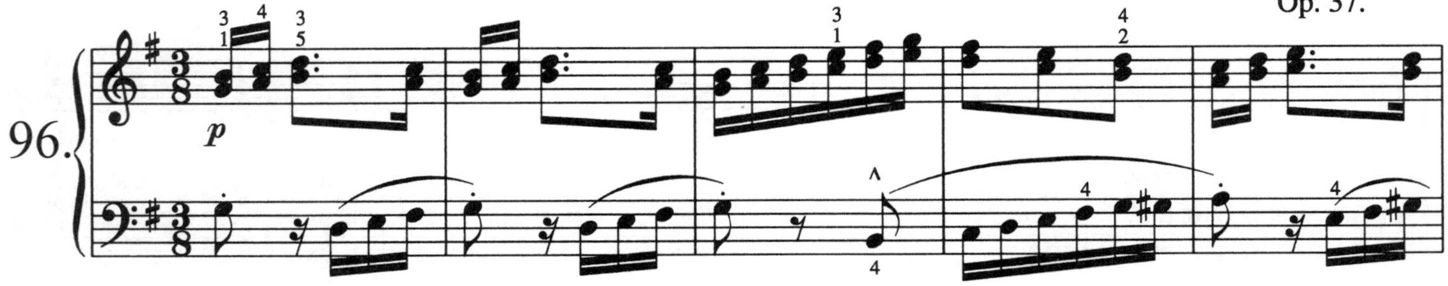

Fine
f
p
f
f
f
p
cresc.
rit.
p
Da Capo al Fine

Jean-Baptiste Duvernoy
Op. 276.

Carl Czerny
Op. 599.

98.

Carl Czerny
Op. 599.

99.

Allegretto

Carl Czerny
Op. 599.

100.
Allegretto
p
sempre staccato
cresc.
f
p
marcato
cresc.
f
decresc.
p

Jean-Baptiste Duvernoy
Op. 276.

101.

Carl Czerny
Op. 599.

Allegro
102.
p staccato
cresc.
f
p
cresc.
f

Henri Bertini
Op. 29.

Allegro
103.
p
simile

f
dim.
p
f

Carl Czerny
Op. 139.

104.

cresc.
dim.
pp
rf
rf
dim.
p
dim.
pp

105.

Allegretto

Henry Lemoine
Op. 37.

Stephen Heller
Op. 45.

106.

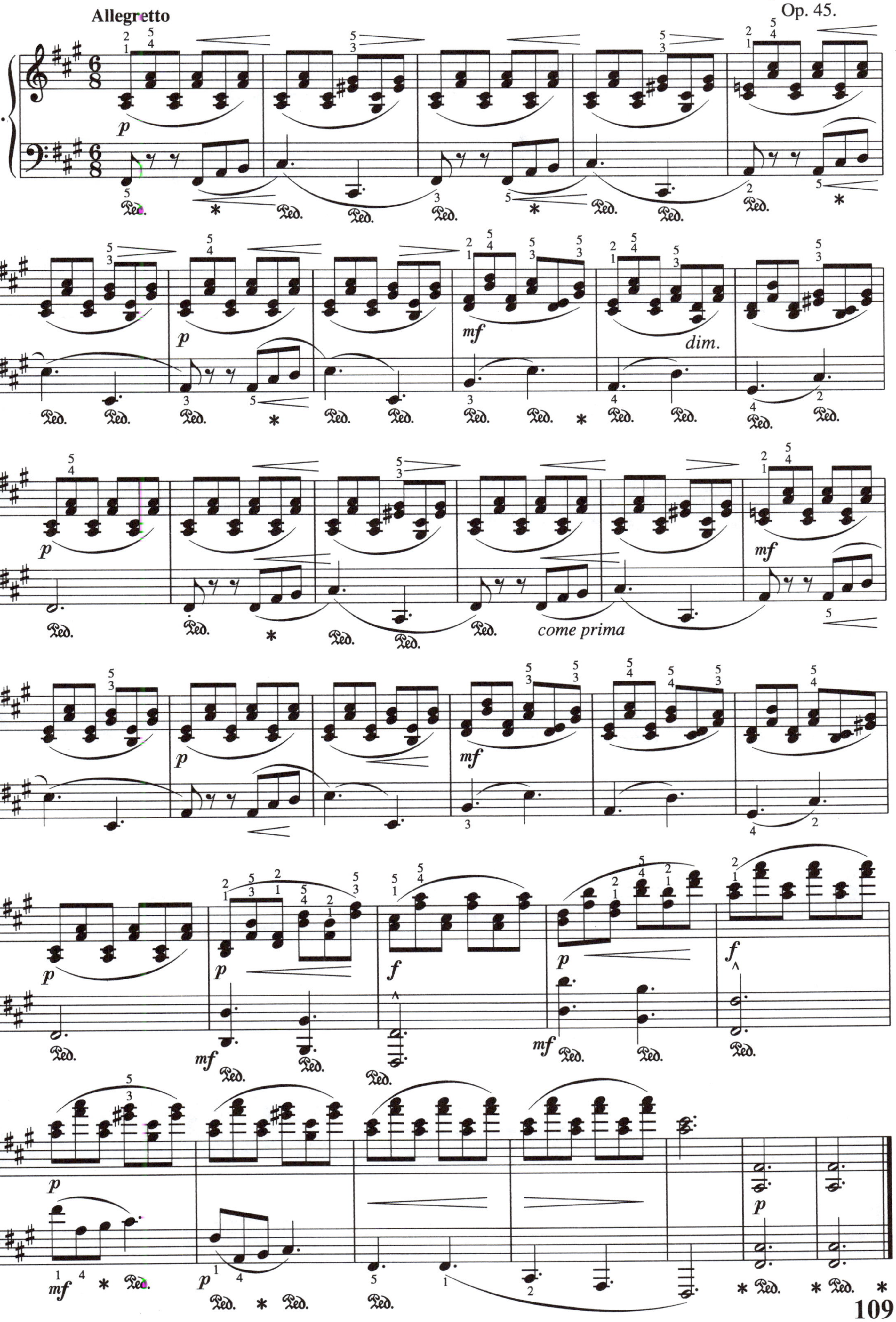
Allegretto
dim.
come prima

Henri Bertini
Op. 32.

Allegro moderato
107.
p legato
sf
dim.
p
ff
f

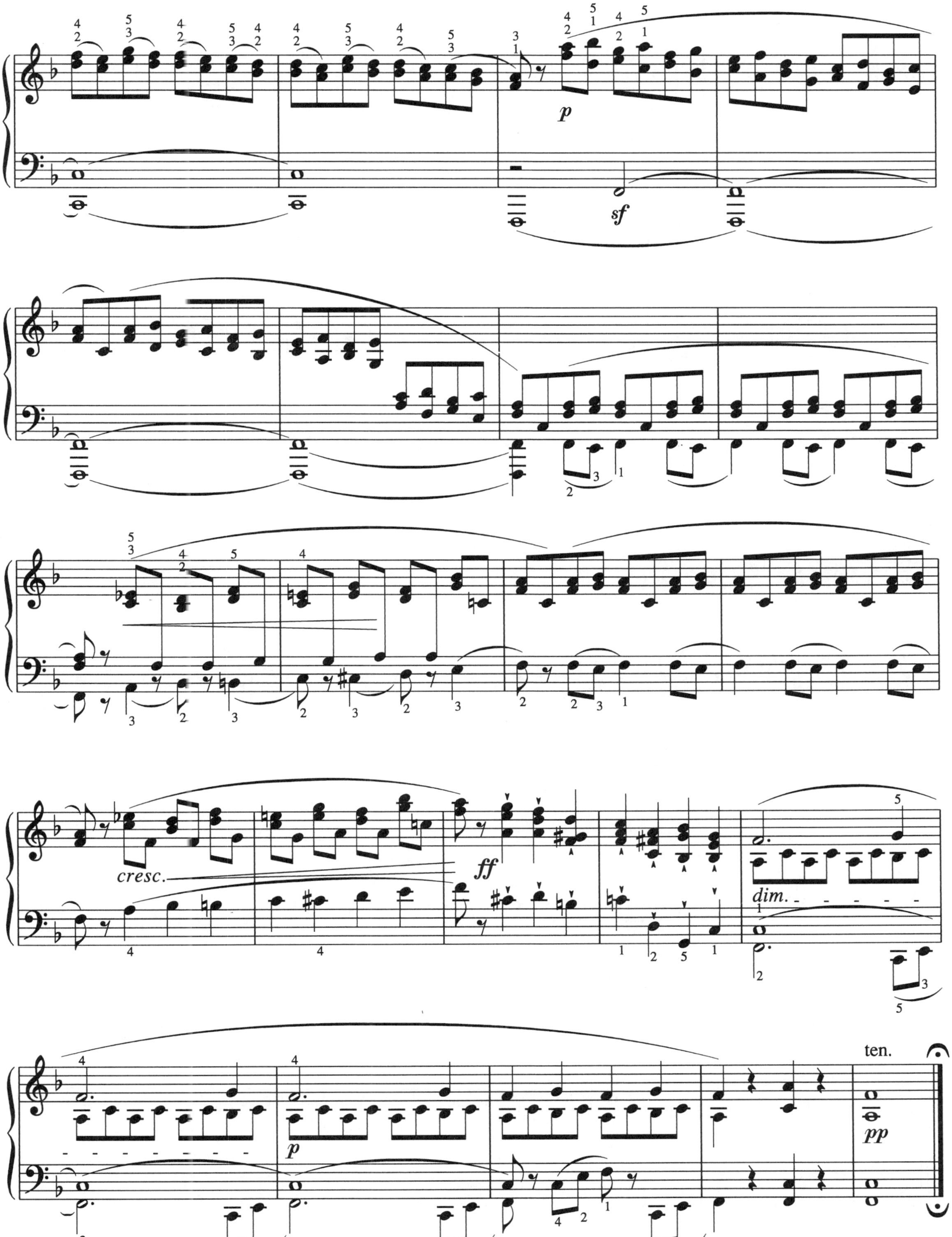
p
sf
cresc.
ff
dim.
p
ten.
pp

Stephen Heller
Op. 45.

108.

Con moto
p
p ben legato
senza Ped.
mf
fp
pp
f
1.
2.

Wilder Reiter

Robert Schumann
Op. 68.

109.

Armes Waisenkind

Robert Schumann
Op. 68.

110.
Langsam
p
Langsamer
Im Tempo
Langsamer
Im Tempo

Walzer

Poco scherzando

Johannes Brahms
Op. 39.

111.

Der kleine Reiter

Pjotr Iljitsch Tschaikowski
Op. 39.

p
mf
p
pp

Velocity in Playing
Geläufiges Spiel
Jeu véloce

Carl Czerny
Op.821.

113.

Albert Löschhorn
Op.65.

114.

legato

Allegro
brillante
Henry Lemoine
Op.37.
115.
rall.
a tempo
dim.
Fine
cresc.
Da Capo al Fine

Allegro vivace

Carl Czerny
Op.718.

Cornelius Gurlitt
Op.186.

Cornelius Gurlitt
Op.186.

118.

Louis Köhler
Op.242.

119.
Allegro
mf
f
mf
f
Fine
p
f
Da Capo al Fine

Henri Bertini
Op.29.

Carl Czerny
Op.299.

Molto allegro
121.
p leggiermente
cresc.
dim.
p
cresc.
f
dim.

dim.
p
cresc.
più cresc.
f
più f
ff

Henri Bertini
Op.29.

dim.
p
ff

Fantasia

Carl Philipp Emanuel Bach

Praeambulum

Johann Sebastian Bach
BWV 927

124.

Les Papillons

François Couperin

125.

mf

Praeludium

Johann Sebastian Bach
BWV 902a

126.

Ornament
Verzierung
Ornement

Carl Czerny
Op. 599.

Allegro

127.

128\.

Allegro

Carl Czerny
Op. 261.

129\.

Andante

Carl Czerny
Op. 261.

Carl Czerny
Op. 599.

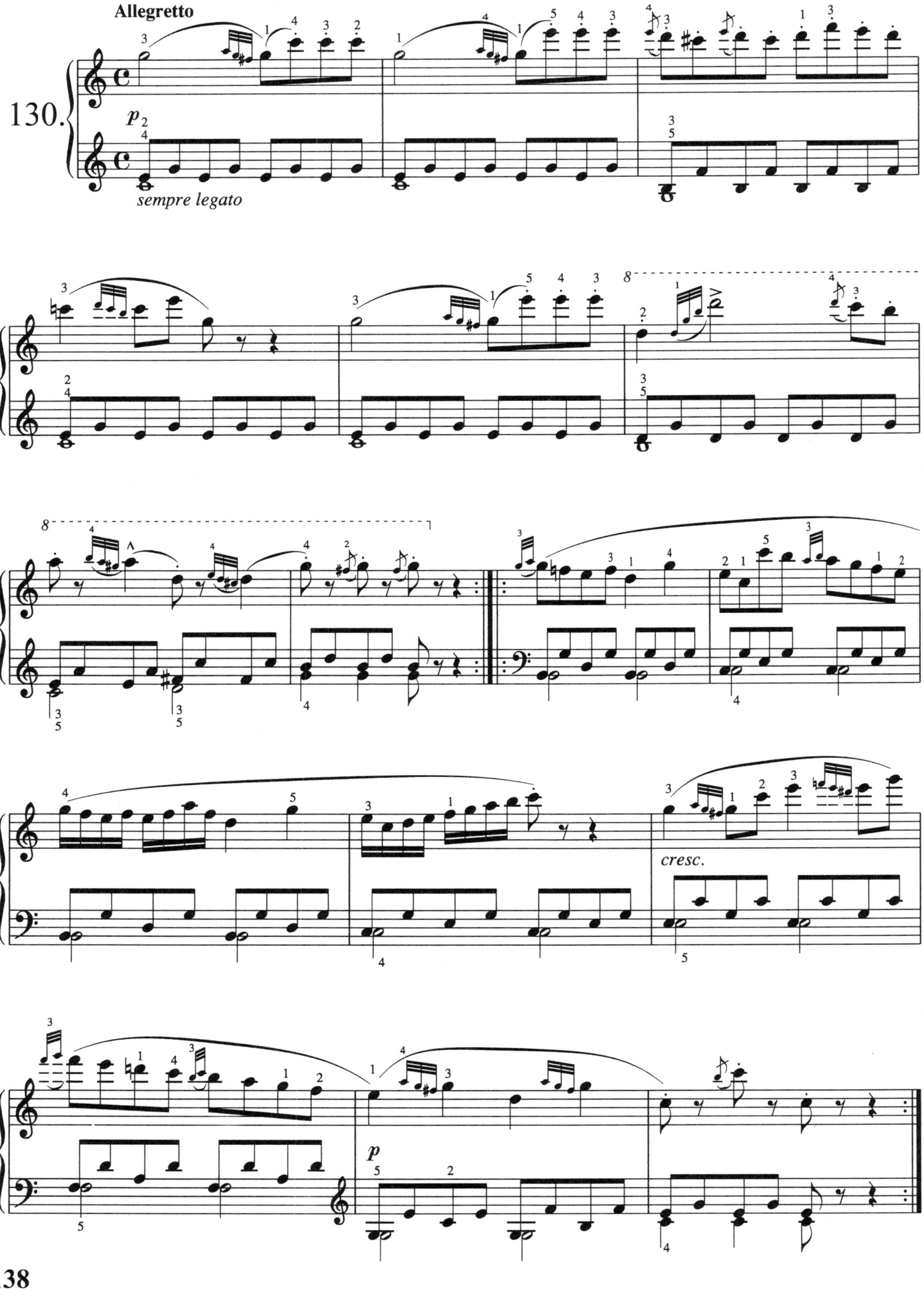
Allegretto
130.
sempre legato
cresc.

Andante espressivo

Carl Czerny
Op. 139.

131.

Stephen Heller
Op. 125.
Poco lento
132.
mf
rinf.
riten.
ten.
Ped.
mf
sf
p
sf
f

p
f
rinf.
più f
rit.
Ped.

Hermann Berens
Op. 88.

133.

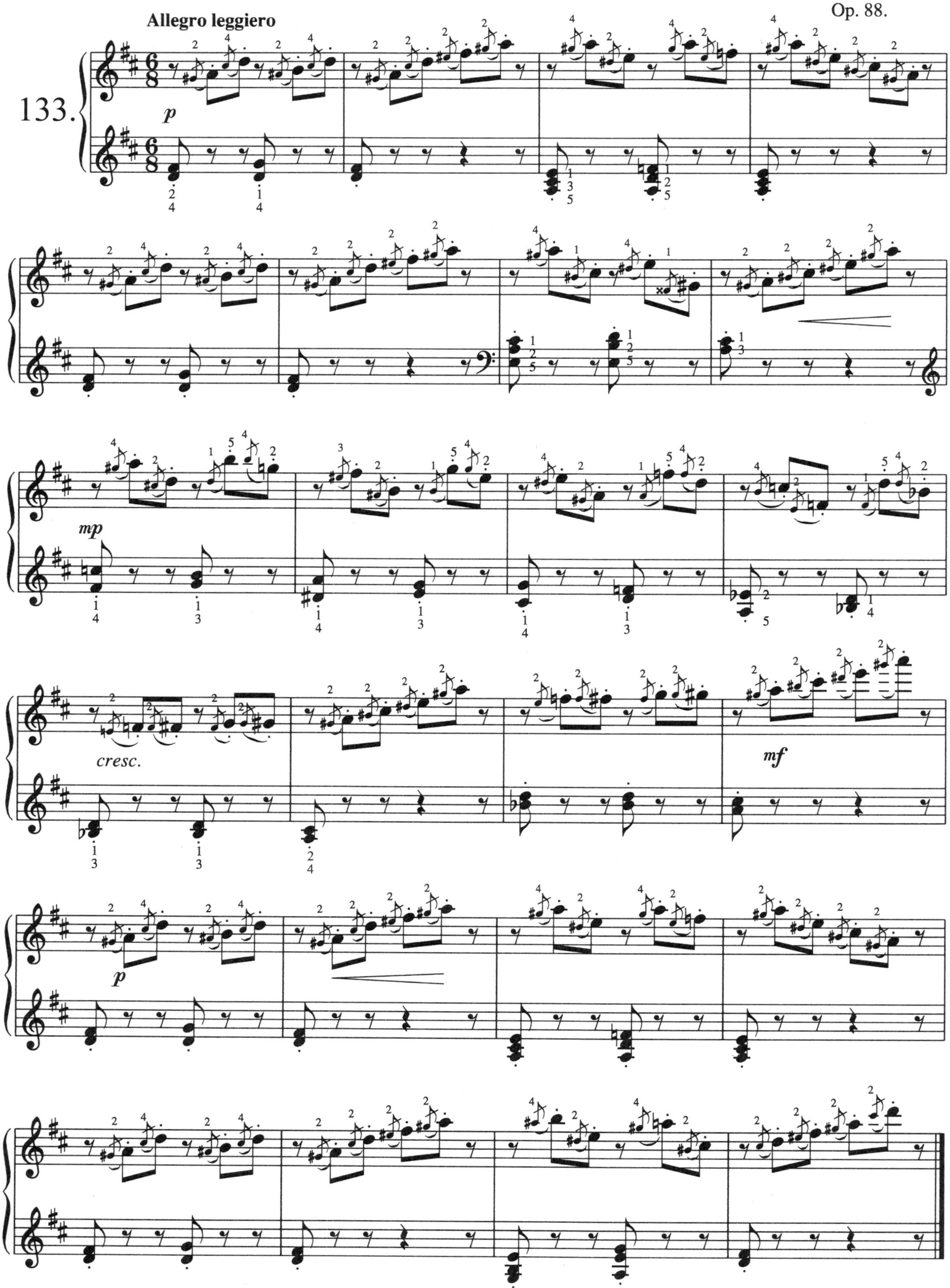

Allegro leggiero
p
mp
cresc.
mf
p

Polonaise

Johann Sebastian Bach
BWV Anh. 128

134.

La gracieuse

Johann Friedrich Burgmüller
Op. 100.

Moderato

135.

Repetition
Repetition
Répétition

Henri Bertini
Op.100.

136.

Carl Czerny
Op.821.

137.

Allegro vivace
mf
8

Carl Czerny
Op.261.

138.

Allegro
p dolce
stacc.
pp
8
cresc.

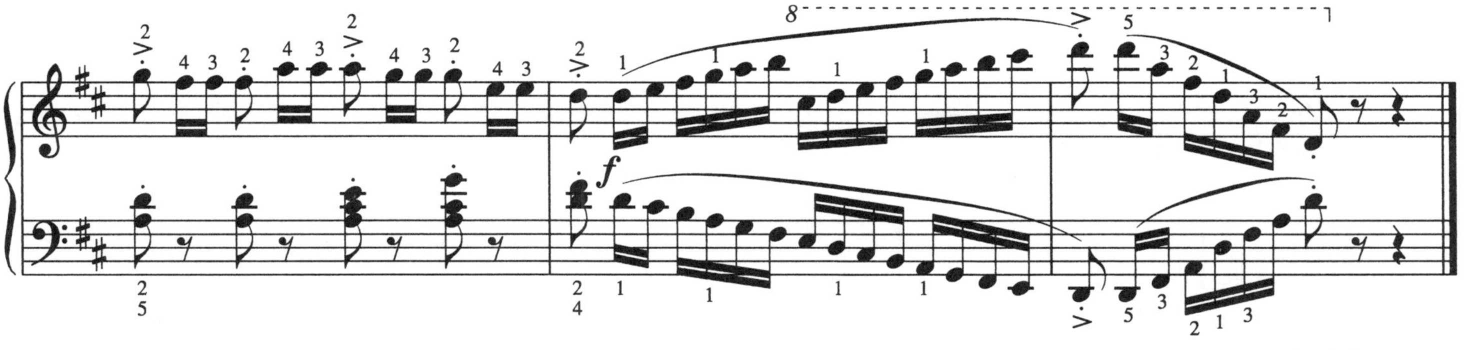
f

139. Allegretto

Carl Czerny
Op.599.

mf
cresc.
p
cresc.
p
p
p
cresc.
sf
p
cresc.
ten.
f
f
decresc.
p

Sonata in a

Allegro

Domenico Scarlatti
K 149, L 93

140.

2.
1.
2.

Carl Czerny
Op. 139.

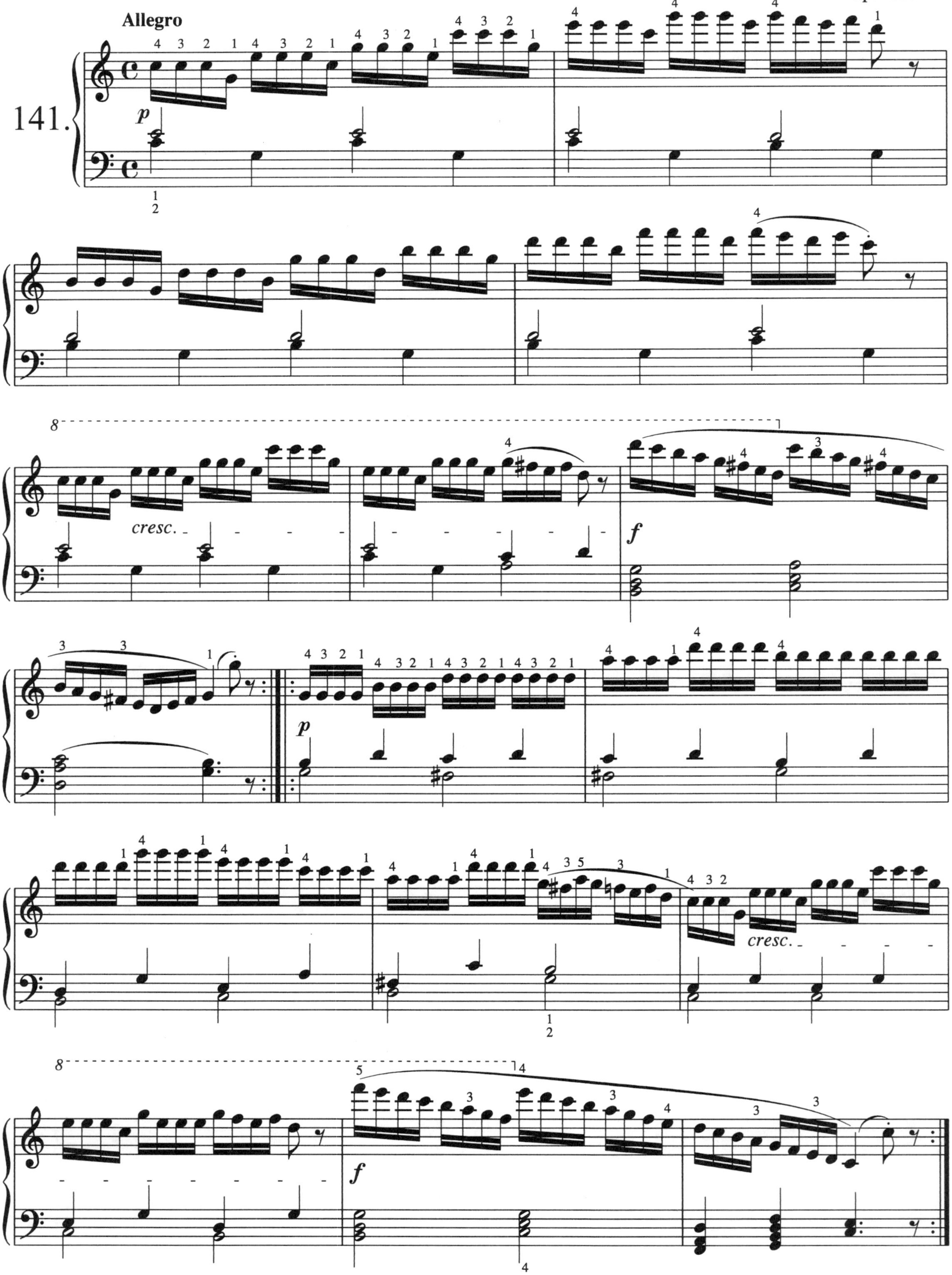
Allegro
141.
p
cresc.
f
cresc.
f

Playing in Octaves
Oktavspiel
Jeu en octaves

Moderato

Hermann Berens
Op. 88.

142.

f
dim.
p
cresc. poco a poco

Carl Czerny
Op. 821.

143.

Molto allegro
martellato
f

Carl Czerny
Op. 821.

144.

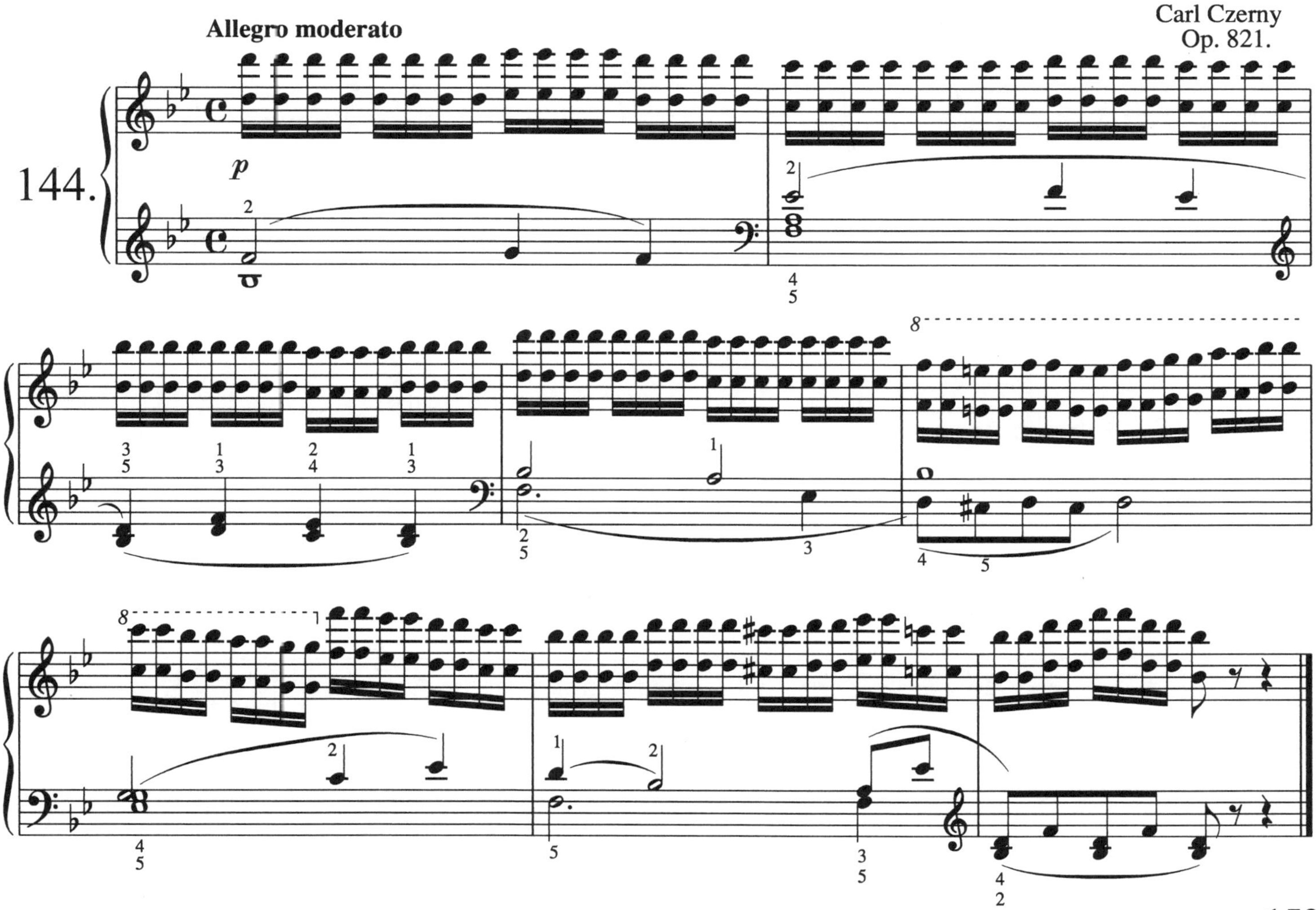
Allegro moderato
p

Henri Bertini
Op. 29.

p
cresc.
f
ff

Henri Bertini
Op. 29.

Allegretto poco andante

146.

Henri Bertini
Op. 29.

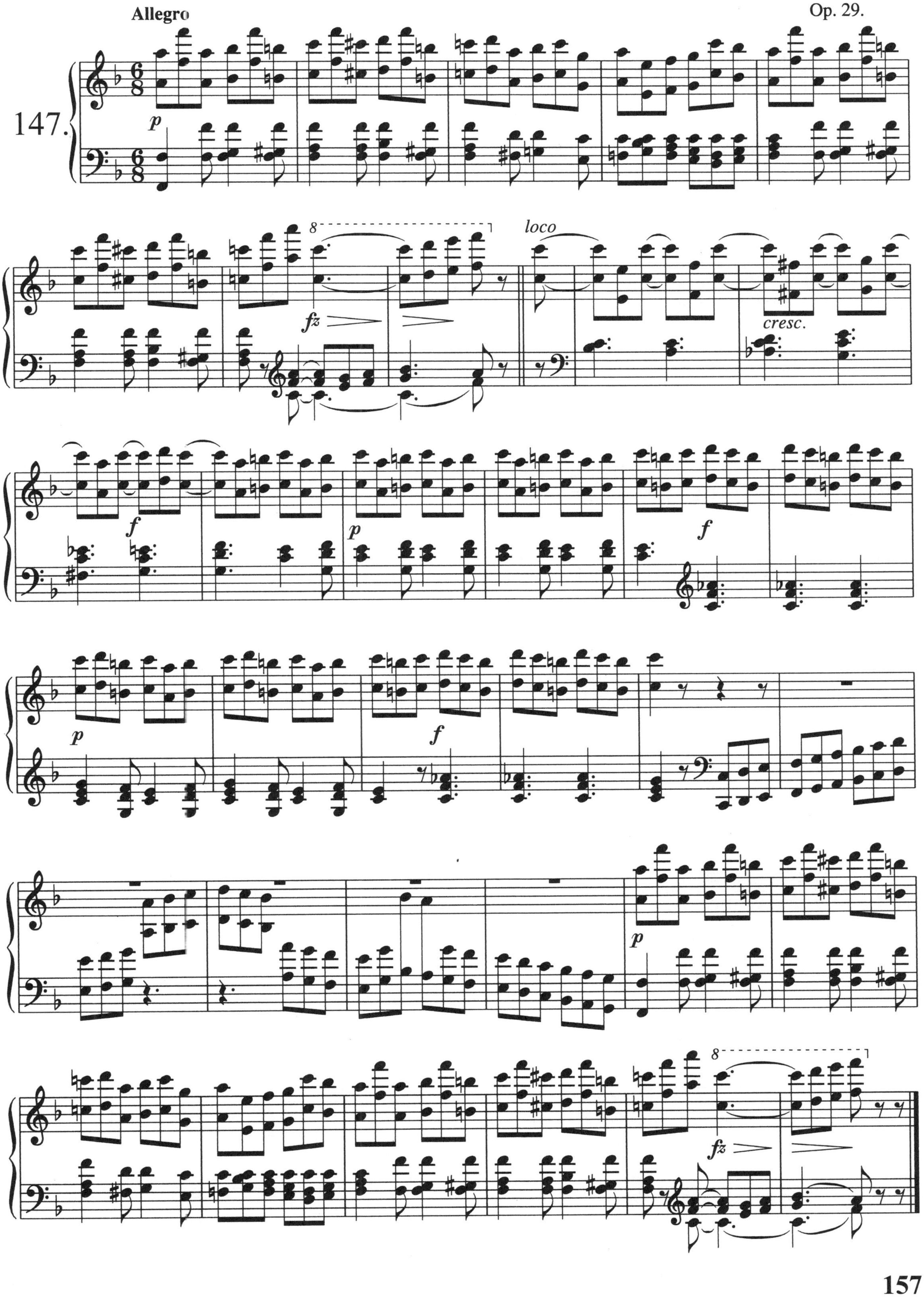
Allegro
147.
p
fz
8
loco
cresc.
f

Allegro

Wolfgang Amadeus Mozart
KV 179/X

Valse noble

Franz Schubert
Op. 77.

149.

H-1093 Budapest, Vámház krt. 5.
Exklusives weltweites Vertriebs- und Verwertungsrecht
bei der Tandem Verlag GmbH
Birkenstraße 10, D-14469 Potsdam

Gesamtherstellung: Tandem Verlag GmbH, Potsdam

ISBN 978-3-8427-0356-8